徳間文庫

# 佐賀のがばいばあちゃん

島田洋七

徳間書店

目次

〈扉イラスト・伊波二郎〉

# プロローグ

ある夕ご飯の席のことだった。

「ばあちゃん、この二、三日ご飯ばっかりでおかずがないね」

俺がそう言うと、ばあちゃんはアハハハハハハハ……と笑いながら、

「明日は、ご飯もないよ」

と答えた。

俺とばあちゃんは、顔を見合わせると、また大笑いした。

今から四十年ほど前の話である。

思えば、あれから世の中は急変した。

所得倍増計画、高度経済成長、大学紛争、オイルショック、地価上昇、校内暴

力、円高・ドル安、バブル、そしてバブルの崩壊、価格破壊、就職氷河期……。

「今、世の中はひどい不景気だ」とみんなは言うけれど、何のことはない。

昔に戻っただけだと、俺は思う。

変わってしまったのは、人間の方だ。

お金がないから。

ホテルで食事ができないから。

海外旅行に行けないから。

ブランド物が買えないから。……そんなことで不幸だと思ってしまうなんて、どうかしている。

リストラされた人は気の毒だと思うけれど、それだってものは考えようだ。

朝八時に起きて満員電車に揺られて会社に行って、働いて、残業して、飲みたくもない酒の席に付き合って、終電車に乗って帰ってくる……そんな人生から解放される新たなチャンスだと思うことだって、できるはずだ。

それに、今後どう頑張っていこうかと夫婦や家族で話し合うことになるから、コミュニケーション不足なんてこともなくなるんじゃないだろうか。

お金がないから、不幸。

今は、みんなが、そんな気持ちに縛《しば》られ過ぎていると思う。

大人がそんな考えだから、子供も健《すこ》やかに過ごせるはずがない。

ディズニーランドに連れて行ってもらえないから、流行の服が買ってもらえないから、親を尊敬しようとしない。

成績が悪いから、いい学校に入れないから、自分の未来は真っ暗だと思う。

そんな子供ばかりが育ってしまい、毎日がおもしろくなくて、将来に希望を持てなくて、少年犯罪が増えてゆくのだ。

本当はお金なんかなくても、気持ち次第で明るく生きられる。

なぜ断言できるかと言うと、俺のばあちゃんがそういう人だったからだ。

俺は子供の頃、母方のばあちゃんに預けられていた。

ばあちゃんは、明治三十三年（一九〇〇年）生まれ。

二十世紀とともに人生を生きた、まさにひと昔前の世代だ。

昭和十七年（一九四二年）、戦中に夫を亡くし、以来、厳しい戦後を佐賀大学とその附属小・中学校の掃除婦をして、五女二男、合計七人の子供を育てて生き抜いてきた。

俺がばあちゃんに預けられたのは、昭和三十三年（一九五八年）で、ばあちゃんは既《すで》に五十八歳だったが、相変わらず掃除婦を続けていた。

裕福なはずはないが、いつもとんでもなく元気で、明るい人だった。

そして俺は、冒頭のような、ばあちゃんとの暮らしの中から、人間の本当の幸せというものを学んできたように思う。

九年前、九十一歳でばあちゃんが大往生してからは、特にばあちゃんの遺《のこ》してくれたものの存在を、大きく感じるようになった。

今、みんなはとてつもない勘違いをしているんじゃないだろうか。

四十年前までは確かにあった幸せを放棄して、不幸な方、不幸な方へと進んでいる気がする。

みんな、道を間違うな！

佐賀の、がばい（すごい）ばあちゃんの話を聞いてくれ!!
幸せは、お金が決めるものじゃない。
自分自身の、心のあり方で決まるんだ。

# 第1章　背中を、おされて……

昭和二十年八月六日。広島に、世界初の原爆が投下された。

あるいは、事の起こりはこの一発の原爆だったのかも知れない。

なぜなら、原爆さえ落とされなければ、俺のとうちゃんが若くして死ぬことはなかったのだから。

俺のとうちゃんとかあちゃんは、結婚して広島に住んでいたが、戦争が激しくなった頃、かあちゃんの実家である佐賀に疎開した。

だから、本当に幸いなことに原爆にあわないで済んだ。

けれども、すごい新型爆弾が広島に落とされたという話は、当然、佐賀にも伝わって来る。

それでとうちゃんは家が心配で、一週間後、ひとり広島へ様子を見に帰ったのだ。

「みんな、どこに行ったんや？」

破壊された広島の町を見て、とうちゃんはこんなまぬけな言葉を吐《は》いてしまったと言う。

そのくらい、とうちゃんが見た広島には、何もなかったのだろう。

みんな壊されてしまい、みんな死んでしまったのだ。

そして、とうちゃんもこの広島行きが原因で命を落とすことになる。

広島にはまだ原爆の放射能がたっぷりと残っていて、とうちゃんは原爆症になってしまったのだ。

ほんの少し、家の様子を見に行っただけだったというのに……。

そんな訳で、俺が生まれた時には、とうちゃんはすでに病床の人だった。

とうちゃんも、そしてかあちゃんもまだ二十代の頃の話だ。

切ない話である。

しかし！

俺は大人になった時、ちょっと待てよと思った。

そして、かあちゃんに聞いた。

「かあちゃん、とうちゃんって俺が生まれた時はもう入院してた?」

「うん。してたよ」

「じゃあ、俺がかあちゃんのお腹の中にできた時は、まだ元気いっぱいやった?」

「ううん。もう入院してた」

「そんなら、一時帰宅とかしたことあったの?」

「ずっと入院したまんまよ」

「あっ、そうか。病室が個室やったんか」

「まさか。あの時代の病院は、どこも満員。個室なんか、なかったよ」

おかしな話である。

しかし、これ以上追及すると、かあちゃんは赤い顔をして、もごもごと訳の分からないことを口走り、どこかへ消えてしまうのだ。

まあとにかく、俺は文字通りとうちゃんの忘れ形見ということだろう。

そんな訳で、俺にはとうちゃんの思い出はなにもない。

本当に小さい頃、誰かに「行ってらっしゃい」と手を振った記憶があるのだが、とうちゃんがずっと入院していたというのなら、それはとうちゃんではなかったのだろう。

母親の姉妹の家に転々と預けられていた時期があったそうだから、その家のご主人に手を振っていたのかも知れない。

いずれにせよ、俺の記憶がある程度鮮明になるのは、小学校へ上がる少し前で、その時には、俺の世界のすべては、かあちゃんで占められていた。

かあちゃんは、とうちゃんに死に別れてから、広島で居酒屋をやって俺と兄ちゃんを養っていた。

元々、とうちゃんとかあちゃんが暮らしていた家のあったところで店を始めたのだが、そこは原爆ドームのすぐ側で、原爆で無茶苦茶にされた後だったので、ほとんどスラム街というような状況だった。みんなが、てんで勝手に露天を出して、いろんな店がひしめき合っていた。

家を店にしたので、俺たちの住まいは、近くに借りた六畳一間のアパートだった。

そこで兄ちゃんとふたり、毎日、留守番をするのだが、とにかく俺はまだちっちゃかったし、かあちゃんが恋しくて恋しくて、たまらなかった。

かあちゃんを待つ夜は、とてつもなく長くて、寂しくて、泣いては兄ちゃんを困らせていた。

泣いていると、アパートの大家のおばちゃんがやって来て、

「泣いたらダメよ」

と、膝《ひざ》に乗せて頭をなでてくれたことを覚えている。

あの頃は、大家さんと言えば、貸している家の人の事情をよく知っているものだった。

家族構成はもちろん、収入から借金まで、誰よりも把握していたのだ。

だから、おばちゃんも俺の家の事情をよく知っていて、俺をあやしに来てくれたのだろう。

けれど、家の中でピーピー泣いているうちは、まだ近所迷惑程度で済んだ。

困ったことに、小学校に入る頃になると、俺はチョロチョロと夜中に家を抜け出しては、かあちゃんの店に出かけて行くようになったのだ。

さっきも書いたように周りはスラム街である。

そんなところを、ちっこい俺がチョロチョロやって来るのだから、かあちゃんも心配でたまったもんじゃない。

多分、その頃から俺には秘密で、かあちゃんたちの計画が進められていたのだと思う。

しかし、もちろん俺はそんなことは何も知らなかった。


小学校二年生になったある日だった。

かあちゃんの妹だという「喜佐子《きさこ》おばちゃん」が佐賀から遊びにやって来た。

妹というだけあって、かあちゃんによく似た人で、忙しいかあちゃんに代わって、あちこち連れて行ってくれたり、時には膝枕で耳かきまでしてくれる。

俺は、あっという間に喜佐子おばちゃんになついてしまった。

夜の留守番も、喜佐子おばちゃんがいてくれたら寂しくない。

晩ご飯も、喜佐子おばちゃんがいてくれるだけで、ずっと華やいだものとなった。

おばちゃんが、ずっといてくれたらいいなあとさえ思っていた。

だから、しばらくたって、おばちゃんがこう言い出した時は大きく頷《うなず》いた。

「昭広《あきひろ》ちゃん。明日、おばちゃん佐賀に帰るから、おかあちゃんと駅まで見送りに来てね？」

翌日、俺とかあちゃんは、広島駅まで喜佐子おばちゃんを送って行った。

見送りとは言え、久しぶりのかあちゃんとのお出かけだ。

よそゆきの服を着てピカピカの革靴をはき、かあちゃんとおばちゃんに両側から手を引いてもらい、俺は上機嫌だった。

シュッ、シュッ。シュッ、シュッ……。

駅のホームに上がると、まもなく汽車が蒸気を吐きながらやって来た。

「ただ今、ホームに入りましたのは、長崎行きの特急『つばめ号』です……」

おばちゃんの乗る汽車だ。

おばちゃんは汽車に乗り込んだが、デッキから離れず、

「秀子姉さん、またね」

「喜佐子ちゃん、お母さんによろしく」

などと、名残惜《なごり》しげにかあちゃんと話している。

俺も、おばちゃんとの別れが辛《つら》くて、

「喜佐子おばちゃん、またすぐ来てね」

と言っておばちゃんの顔を見上げた。

「うん……」

おばちゃんが力なく頷いたのを合図にしたように、発車のベルが鳴った。

そして、ドアがしまる寸前だった。

ドン！　という音がし、同時に俺はよろけて、身体が前屈《まえかが》みになった。

もちろん、いくら昔の話でも発車のベルは「ドン！」などとは鳴らないし、発

車のベルが人を突き飛ばすこともない。

とっさに、おばちゃんに抱きとめられた俺が振り返ると……。

なんと俺の背中を押したのは、かあちゃんだった。

「かあちゃん、なにするの？」

その時、俺は汽車の中に入ってしまっていた。

またまた合図を受けた仲間のように、スーッとドアが閉じ、真っ黒な蒸気をもくもくと吐いて、汽車がゆっくりと走り出した。

もちろん、俺を乗せたままである。

ドアのガラス越しに、かあちゃんが泣いているのが見える。

「かあちゃん、背中押したりするから」

そう言って振り返ると、おばちゃんまでワンワン泣いていた。

当時の汽車は新幹線のようにスピードが出ないから、まだホームで泣いているかあちゃんもよく見える。

俺は、泣き続けるかあちゃんとおばちゃんを見比べながら笑って言った。

「大丈夫、おばちゃん。僕、次の駅で降りるから。心配しなくてもいいよ」

けれど、おばちゃんは泣き続け、そして涙ながらに言ったのだった。

「昭広ちゃん、あんたはこれから佐賀のおばあちゃんのとこで暮らすとよ」

一瞬、何を言われているのか分からず、キョトンとした。

「ごめんね、黙ってて。でも、言ったら嫌がったでしょ？　広島にいたら、昭広ちゃんの教育に悪いから、みんなで相談して、おばあちゃんに預かってもらうことになったとよ」

事態を飲み込んだら、今度は俺が泣き出す番だった。

俺は、まんまとだまされたのだ。

おばちゃんのお見送りなどと言って、実はかあちゃんに見送られるのは、俺だったのだ。

こうなれば、よそゆきの服とピカピカの靴の意味も分かる。

この出来事はトラウマとなって、今でも、どんなわざとらしいドラマを見ても、母子の別れのシーンだけは、涙を流さずにはいられない。

それにしても、よく苦労話などで「あの時、○○さんに背中を押され、私は決意したのです」などと人生の節目を語っている人がいるが、あれを聞くたびに俺は思う。

俺の人生は、ほんまにかあちゃんに背中を押されて変わったんや！　と。

# 第2章　貧乏から貧乏へ

ガタゴト、ガタゴト、ガタゴト、ガタゴト……。

汽車が揺れるたびに、俺とかあちゃんは遠く、遠く離れて行った。

俺は、いつまでも泣き続けていた。

喜佐子おばちゃんは、俺をだました後ろめたさからか、なぐさめるでもなく、ただ黙って横に座っていた。

俺は悲しかった。寂しかった。かあちゃんと別れて来たことが。

これより辛い気分は、一生ないだろうと思われた。

ところが、人生というものは転がり始めたらキリがないらしい。

それは、あっけなくやって来たのだ。

「ここ、何？」

佐賀駅に降りた俺は、思わずそう言った。

まだ夕刻だというのに、佐賀の町はもう真っ暗なのだ。

広島はスラム化しているとはいえ、都会である。

遅くまで店が開いているので、夜道もそう暗くはない。

だからこそ、俺もかあちゃんの店まで行こうなどと思い立ったのである。

しかし、ここには赤提灯《ちょうちん》もない。行き交う人もない。

駅前に、申し訳程度に五、六軒の食堂が軒を連ねているだけである。

教育上、どんなにいいのか知らないが、明日からこんな寂しいところで暮らすのかと思ったら、さっきまでの心細さに恐怖まで加わって、不安で不安でたまらなくなった。

しかも、おばちゃんはその真っ暗な道を、川の土手沿いに、さらに暗い方へと、どこまでも、どこまでも、ずんずん、ずんずん歩いて行く。

多分、四十分くらいだったのだと思うが、幼い俺にはその時間は永遠のように思われた。

季節は秋で、川原にはススキが生えていて、それがまたなんともわびしかった。

俺は、いつか読んだ昔話の、どこかへ売られて行く子供のような気持ちになっていた。

それにしても、人間というのは、極限状態にある時、動物的な勘が働くのだろうか。

今だにあの時の感覚ははっきりと覚えているのだが、不安でいっぱいになっていて、ろくすっぽ周りなんか見ていなかった俺の目に、ある家だけがクローズアップされて飛び込んできたのだ。

そして、同時に俺の脳は警告を発した。

(いやや、あの家だけは嫌や)

その家とは、川とススキに見事にマッチした、わびしさナンバーワンの、日本昔話に出てくるような茅葺《かやぶ》きのボロ家だった。

しかも、半分は茅葺きさえ剝《は》がれてトタン板が打ち付けられている。

「昭広ちゃん、ここさい」

果たして、おばちゃんはその家の前で立ち止まった。

その時、俺の頭の中は真っ白になっていた。

こんなボロ家に住んでいるばあちゃんというものを想像するだに、恐ろしかったのだ。

何しろ、山姥《やまんば》か何かが、住んでいるような家だったのだから。

「おかあさん、今、着きましたよ」

おばちゃんが、玄関の戸をガラリと開けてそう言うと、奥から、意外にも背の高い色白の、すらっとした上品なおばあさんが現れた。

これには正直言って、ちょっと拍子抜けした。

「昭広ちゃん、あんたのばあちゃんよ」

おばちゃんが、俺とばあちゃんの間に立って言う。

そして、呆然《ぼうぜん》としている俺に向かって笑顔でこう付け加えた。

「小さい時、会ったことあるのよ。覚えてる？」

おばちゃんとしても、精一杯の言葉だったのだろうが、その時でも十分小さい俺が、覚えているわけはなかった。

「じゃあ、おばちゃんは、これで帰っけんね……お母さん、後はよろしくね」

おばちゃんは、やっぱり後ろめたかったのだろう。

家に上がりもせず、そそくさと帰って行ってしまった。

そして、俺とばあちゃんは、初対面同然のまま、いきなりふたりきりになってしまったのだ。

その時の俺は、幼いながらも次のような優しい言葉を期待していたと思う。

「よう来たね。お腹、すいとらんか?」とか、

「寂しかろうけど、おばあちゃんと頑張ろうね」とか。

ところが、ばあちゃんが初めに言ったひと言は、

「ついといで」

だった。

そして、すたすたと勝手口から外へ出て、離れの小屋へと向かったのだ。

畳二畳分くらいしかない小屋の中には、大きなかまどがデン！　とあるばかり。

何が何だか分からず、ぼんやりしている俺に、ばあちゃんは、

「明日から、昭広がごはんを炊くんやけん、よう見ときんしゃい」

そう言うと、かまどに火をおこし始めたのだった。

ばあちゃんの言った言葉は聞こえていたのだが、それがどういうことなのか、その時の俺には、全く理解できなかった。

俺は、ただただ、ぼーっと、ばあちゃんが火を起こして、藁《わら》や板きれなんかを放り込んで火加減を調整するのを見ていた。

しばらくしてばあちゃんが、

「どれ、やってみんしゃい」

と、今まで自分が使っていた火吹き竹を差し出して言った時も、差し出されるままに竹を受け取って、訳が分からないまま「フーフー」やった。

だんだんと、俺の頭の中は、

「なんで、こんなことしないといかんのやろう。僕が飯を炊くってどういうこと？」

と疑問符でいっぱいになっていった。

でも、ばあちゃんは横からうるさく口出しする。

「それじゃ、強すぎると」

「あんまり、間が開いたら消えてしまうよ」

ばあちゃんに言われるままに「フーフー」やっているうちに、やがて、俺は、火をおこすことだけに一生懸命になった。

疲れて吹く息が弱まると、火が消えそうになる。

あわてて、また懸命に「フーフー」やる。

でも、あまり強いと火の粉が上がって、煙たくて熱い。

そして、燃える炎と向き合っているうちに、幼い俺にも、ここで暮らさなければならないのだということが、何となく実感されてきた。

それはもう、どうしようもないことなのだということが。

煙たくて、悲しくて、涙が、後から後からあふれ続けたが、それが八歳の俺が突きつけられた現実というものだった。

翌朝、起きるとばあちゃんはもういなかった。

毎朝四時には、仕事に出かけるのだと言う。

俺の朝ご飯を作っている時間がないので、到着した俺に、いきなり飯炊きを伝授したのだ。

さらに昨日のうちに、俺にはもうひとつ重大な役目が与えられていた。

それは炊きあがったご飯を真っ先に、仏前に供えることだった。

ばあちゃんは昨日の夜、ご丁寧にも仏様に手を合わせて、

「明日から、昭広がご飯を供えてくれます。ナンマンダブ、ナンマンダブ……」

と報告していたのだ。

俺は、昨日教わった通りにかまどに火をおこし、飯を炊いたが、何がどう違うのか、できたのはゴチゴチのご飯だった。

ゴチゴチで生炊きみたいなくせに、底だけは焦げ付いている。

それでも仕方がないので、そのゴチゴチを仏壇に供え、ばあちゃんに教わった通り、手を合わせて「ナンマンダブ、ナンマンダブ……」とやった。

そして、ひとりで朝ご飯を食べた。

かあちゃんの炊いてくれる、あたたかな湯気のたった白いご飯が懐かしかった。

昨日の朝、食べたばかりなのに、それはやけに遠い日の出来事だったような気がする。

朝ご飯の後、何もすることがないので外に出てみた。

昨日、着いた時は真っ暗で、ただうら寂しかった家の周りの風景は、朝見るととても美しいものだった。

家の前に4～5mくらいの道を挟んで、川が流れている。

川は8mほどの幅があり、水は澄んでいた。

土手では、ススキが秋風にゆったりと揺られている。

空は広島よりもずっとずっと青く、ずっとずっと高かった。

広い空に見入っていると、大きな鳥がゆうゆうと飛んでいくのが見えた。

「かあちゃん、見て、見て！」

思わず口から出た。

かあちゃんは、いないのに。知っていたはずなのに……。

俺は、いてもたってもいられないような気持ちになって、その辺の石を拾うと、力一杯、川に投げた。

何度も、何度も、投げ続けた。


土手に立って、昼間は案外人通りの多い家の前の道を、眺めるともなく見ていると、やがて遠くにばあちゃんが帰って来る姿が見えた。

ばあちゃんの仕事は、佐賀大学や、その附属の小・中学校の職員室を掃除することで、朝は早いが十一時頃には帰って来られるのだ。

が、帰って来るばあちゃんの様子は何かおかしい。

歩くたびに『ガラガラ、ガラガラ』と奇妙《きみょう》な音をたてている。

よく見ると腰に結んだ紐《ひも》で、地面に何かを引きずって歩いているらしい。

「ただいま」

ばあちゃんは、相変わらず『ガラガラ、ガラガラ』と音を立てながら、何食わぬ顔で俺にそう言って、玄関を入って行った。

後について行くと、玄関先でばあちゃんが紐をはずしているところだった。

「ばあちゃん、それ何？」

「磁石」

ばあちゃんは、紐の先を見せながら言う。

紐の先っぽには確かに磁石がくくりつけてあって、そこには釘や鉄クズがくっついている。

「ただ歩いたらもったいなかとよ。磁石つけて歩いたら、ほら、こんなにもうかるばい」

「もうかるって？」

「鉄クズは、売りに行ったら結構高く売れると。落ちてるのに、拾わんかったらバチが当たる」

そう言いながら、ばあちゃんは釘や鉄クズを磁石からはがし、バケツの中に入れている。

バケツの中には、すでにかなりの戦利品が納められていた。

ばあちゃんは、出かけるときは必ず磁石を腰からぶら下げているらしい。

俺は、あっけにとられた。

見かけによらず、何という逞《たくま》しいばあちゃんなのだろうか。

しかし、まだまだ驚いている場合ではなかった。

鉄クズをバケツに入れ終えたばあちゃんは、今度はスタスタと川の方へ歩いて行った。

ついて行くと、なぜか川を覗《のぞ》き込みニッコリ笑っている。

「昭広も手伝いんしゃい」

振り返ってそう言うと、ばあちゃんは川から木ぎれや木っ端《こば》を拾い上げ始めた。

川の水面すれすれに一本の棒が渡してあり、その棒に木ぎれや何かが引っかかっているのだ。

さっき、川を覗いていた時に、「何かなあ?」と渡された棒を見ていたのだが、まさか、ばあちゃんが仕掛けたものとは思わなかった。

なんと、ばあちゃんは、この棒に引っかかる木の枝や木っ端を乾かして薪《まき》にしていたのだ。

「川はきれいになるし、燃料費はタダ。まさに一石二鳥だねえ」

と、豪快《ごうかい》に笑うばあちゃん。

今思えば、ばあちゃんは四十五年も前から環境問題に取り組んでいたのである。

さらに、棒にひっかかるのは木だけではなかった。

川の上流に市場があって、二股《ふたまた》になった大根や、まがったキュウリなど、売り物にならない野菜が川に捨てられる。

それも、棒に引っかかるのだ。

ばあちゃんは、いびつな形の野菜を見て言う。

「二股の大根も、切って煮込めば一緒。まがったキュウリも、きざんで塩でもんだら同じこと」

もっともである。

さらに、半分傷《いた》んだ野菜や果物も、売り物にならないので捨てられる。

しかし、ばあちゃんにとっては、

「傷んだところだけ、切って使ったら同じ」

これも、もっともである。

というわけで、ばあちゃんの家では大半の食料を、川に流れてくるものでまかなっていた。

しかも、

「夏には、トマトが冷えながら流れて来る」し、まさにいいことづくし。

それに、時にはどこも悪くない野菜まで流れてくるのだ。

当時の野菜は、市場に入荷してきた時は泥だらけだった。

だから、パートタイマーのおばちゃんたちが川で洗ってきれいにしていた。

けれども、三十人くらいでペラペラしゃべりながらやっているものだから、しょっちゅう誰かの手がすべり、野菜を川に流してしまうのだ。

それに、白菜なんかは重たいので、洗って水を切ると、流さないまでも外側の葉がごっそり川に落ちてしまったりする。

毎日、毎日、いろんな物が流れてきては棒に引っかかるので、ばあちゃんは、川のことを「スーパーマーケット」などと呼んでいた。

しかも、

「わざわざ配達までしてくれると」

「勘定《かんじょう》もせんでよか」

と、家の前で川を覗き込んでは笑っていた。

たまに、棒に引っかかっているものがないと、

「今日は、スーパー休みか」

と、残念がっている。

そして、このスーパーにはひとつだけ欠点があるとばあちゃんは言う。

「今日キュウリが食べたいと言っても、食べられん。それは、市場のひとまかせ」

どこまでも、明るいばあちゃんである。

よその家では料理の本を見ておかずを考えていたが、ばあちゃんは川を覗き込

んで、

「今日のおかずは、なんにすっかねえ」

と、メニューを決めていたのである。

そんなばあちゃんは、さすがに川を熟知《じゅくち》していた。

ある時、リンゴの箱が流れてきた。

中にはモミガラが詰まっていて、モミガラの上に腐ったリンゴが乗っている。

「モミガラを捨てて、木箱だけ薪にしよう」

と、俺が斧《おの》を手にした時、ばあちゃんが言った。

「モミガラの中に、手を入れてみんしゃい」

「え?」

(どうして?)とは思ったが、素直に手を突っ込んでみると、奥の方にきれいなリンゴが、ひとつだけ残っていた。

予言者のような人だと思って驚いたものである。

またある時は、真新しい下駄が流れてきた。

「片方あっても仕方ないから、薪にしよう」

と、俺が斧を手にしたら、またばあちゃんが言った。

「二、三日待ちなさい。もう片方も流れてくるよ」

いくら何でも、そううまくいかないだろうと思っていたのだが、なんと二、三日したら、本当にもう片方も流れてきたのにはビックリした。

「片方を無くしてしまったら、しばらくはあきらめきれないだろうけど、二、三日も経ったら、あきらめてもう片方も捨てる。うちの前で一足が揃《そろ》うようになっとると」

全く、ばあちゃんの知恵には、驚かされることばかりだった。

そして、俺はばあちゃんの暮らしぶりを見るにつけ、実感したのだった。

やはり、この家を見た時に感じた嫌な予感は的中していたのだと。

広島でも貧乏だったが、俺はワンランク上のド貧乏になってしまったのだ……。

けれども、それは、普通では体験できない、ものすごく楽しい日々の始まりでもあった！

# 第3章　ピカピカの転入生

佐賀の小学校に転入することになった俺は、転校初日、ばあちゃんに連れられて学校に行った。

ばあちゃんの家のある町は、ちょっと珍しく佐賀城内にあった。

佐賀城跡を中心に、北・西・南の三方をお濠《ほり》に囲まれており、町には県庁や博物館・美術館まで何でも揃っている。

着いた時は、そのド田舎ぶりに驚いたものだったが、佐賀ではこの辺りが中心地なのである。

ばあちゃんの家の前にある、例のスーパーマーケットの川も、多布施川《たふせがわ》の支流で、濠から続いているものだ。

とはいえ、城自体はもうなく、わずかに正門である鯱《しやち》の門や石垣が残っているばかりである。

俺の転校先となる赤松《あかまつ》小学校は城跡にあり、その鯱の門をくぐって行くのだが、当時は低学年の教室はなんと城にあったという古い茶室を使っていた。

従兄弟《いとこ》のお下がりとはいえ、金ボタンのついた学生服を着て、例のピカピカの革靴をはいて学校に行った俺は驚いたの何の。

何しろ、広島という町は一回、破壊されているのであらゆる建物が新築。小学校も例外ではなく、戦後に建てられたモダンな校舎だった。

ところが佐賀では、何だか古びた変な建物の中に案内されたのである。

（ここ、本当に小学校やろうか？）

平気な顔で世間話をしながら、暗い建物の中を歩いて行く先生とばあちゃんの後をついて歩きながら、俺は思った。

先生がガラリと戸を開けると、何しろ元茶室だから、畳敷《たたみじ》きで、みんな正座している。

何十年も前にタイムスリップしたのかという感じだった。

俺も驚いたが、みんなも驚いたらしく、金ボタンの学生服でかしこまっている俺を、畳の上から不審《ふしん》そうに見ていた。

「広島から来た徳永昭広《とくながあきひろ》君です。みんな、仲良くしてあげてくださいね」

先生が、俺をみんなに紹介した。

当時、広島といえば佐賀から見れば大都会である。

その上、場違いな金ボタンに革靴の俺は、気障《きざ》な都会っ子に見えたらしい。

それで、何かケチがつけたかったのだろう。

先生に促されて席に着いた俺に、隣の子が言った。

「おまえのかあちゃん、年とってるなあ」

俺はうつむいた。

「かあちゃんやない。ばあちゃんや」

そう言い返そうと思ったけど、俺を送ってきて、まだ教室にいたばあちゃんに悪いような気がして、何となく言えなかった。

ばあちゃんは、ちょっと寂しそうに俺を見て笑うと、先生に丁寧《ていねい》に挨拶《あいさつ》して帰って行った。

それでも、クラスメートの俺に対する敬遠《けいえん》はほんのちょっとの間のことで、一ヶ月もすれば、俺はもうすっかり学校になじんでいた。

泥んこになって駆け回っているうちに、革靴はあっという間にボロボロになり、近所の子供たちと同じ下駄ばきになった。

かあちゃんがいないことは相変わらず寂しかったが、田舎の暮らしは貧乏でも、それなりに楽しいものだった。

まず、駄菓子屋なんかに行かなくても、おやつは木の実で十分に事足りる。

佐賀ではじめて食べたのは、椋《むく》の実だった。

真っ黒な小さい実は、見た目は悪いけれど、甘酸っぱくて杏《あんず》みたいな味がする。

川原に大きな椋の木があったのだが、それが枝が二股に分かれていて、瘤《こぶ》があって、「登って、登って」と言っているような木だった。

そこによじ登っては、みんなで実を採《と》るのだ。

でも、とにかく小さい実で、ひとりで何百個も食べないと満足しない。

だから七、八人が一斉に木に登って、ぶらーんと枝にぶら下がって、実をとっては口に放り込んでいた。

木登りという遊びと、おやつの時間が一体化した実にのどかな楽しいひとときだった。

他にも、その時は秋だったから、ぐみの実とか、柿とか、自然にたくさんなっていて、広島の都会で育った俺には、驚かされることばかりだった。

もちろん、そんな風だから遊びにもお金はかからない。

木登りしたり、川原を駆け回っているうちに、あっという間に夕暮れになる。

おもちゃも手作りした。

木の上に秘密基地めいた小屋を作ったり、いかだを作って、みんなで川を下ったり。

材料になる木はその辺にいくらでも落ちていたから、これもかかるお金はゼロだった。

でも、こんな日々も十分楽しかったけれど、その頃、剣道がはやりはじめていた。

近所でも道場に通う子がチラホラと出てきていて、俺も近所の悪ガキ仲間と、こっそり稽古を見に行った。

道場では、いつも一緒に泥んこで駆け回っている仲間が、袴《はかま》に身を包み、張りつめたような顔をして、竹刀《しない》を振るっている。

その姿は、何か無茶苦茶に格好良くて、俺も絶対に剣道をやろうと思った。

早速、帰ってばあちゃんに話す。

「ばあちゃん、今日、剣道見に行ったよ」

「ふうん」

「かっこ良かったよ」

「それは、良かったと」

「俺も、剣道やりたい」

「やったら、よかと」

「ほんとう？」

「やりたかったら、やりんしゃい」

「本当に、いいの？　じゃあ明日、一緒に道場に申し込みに行って！　防具とか面とか、いるものもそこで教えてくれるって！」

「え？　お金かかるんか？」

「うん。かかるよ」

俺が、「かかるよ」の「よ」を言い終えるか終えないかの時だった。

いきなり、ばあちゃんは態度を変えた。

「じゃあ、やめときんしゃい」

「え？」

「やめときんしゃい」

「でも、さっきは……」

「やめときんしゃい」

それきり、何を言っても「やめときんしゃい」の一点ばりだった。

俺はガッカリした。

仕方がないとは思っても、防具をつけて竹刀を振るう、格好いい姿が忘れられなかった。

しかし、しょんぼりしている俺に、クラスメートの一人が声をかけてきた。

「徳永君、一緒に柔道習いに行かんと？」

早速、放課後、稽古について行ってみると、剣道ほどは心惹《ひ》かれなかったが、必要なものは柔道着だけだと言う。

俺は、息を切らして帰るなり、ばあちゃんにせがんだ。

「柔道、習わせて。剣道よりお金もかからないって」

「タダか？」

「タダじゃないけど……」

「やめときんしゃい」

普通なら、これ以上は我《わ》が儘《まま》を言わない俺なのだが、とにかくその時は、スポーツをやるということに憧れを抱いていたのだ。

何かやりたいという思いを必死でばあちゃんに伝えると、ばあちゃんは俺の話に耳を傾けてくれ、そして大きく頷いて言った。

「分かった。それなら、いいことがある」

「何？」

「明日から、走りんしゃい」

「走る？」

「そう。道具もいらないし、走る地面はタダ。走りんしゃい」

何か違うような気がしたが、俺もまだ子供だったし、何となく納得して走ることに決めた。

とは言っても、小学校に陸上部があるわけでもなし、たった一人で校庭を走るだけである。

みんなが放課後に、和気藹々《わきあいあい》とドッジボールか何かしている横で、黙々と50m全力疾走を何度も、何度も繰り返す俺。

ちょっと変人に見えたかも知れないが、本人はいたって真面目《まじめ》にスポーツの練習に取り組んでいたのである。

どのくらい本気だったかというと、放課後はたいてい友達と川原で遊んでいたのだが、練習を始めてからは、三十分か四十分くらい、俺だけが遅れて行くようになった。

それだけ毎日、毎日、走っていたのだ。

「今日も、一生懸命走ってきたよ！」

俺は、ばあちゃんに得意になって報告した。

ところが、ばあちゃんは、

「一生懸命、走ったらダメ」

と言うのである。

「なんで、一生懸命走ったら、いかんと？」

「腹、減るから」

「……ふうん」

何を言い出すのかと思いながら、俺がその場を去ろうとすると、ばあちゃんはさらに俺を引きとめる。

「ちょっと昭広、もうひとつ。まさか、靴はいて走っとらんとやろうねえ？」

「え？　はいてるよ」

「バカタレ――！　裸足《はだし》で走れ！　靴が減る!!」

　さすがに、このふたつの言いつけは聞かないことにして、俺は毎日懸命に、もちろん靴をはいて走り続けた。

　さて、木の実をおやつに、おもちゃも手作り、スポーツも走るだけという、いたってシンプルな貧乏生活。

　まだまだ子供だったし、そう辛いとも思っていなかったが、それでもある日、何となくばあちゃんに言ってみたことがある。

「ばあちゃん、うちって貧乏だけど、そのうち金持ちになったらいいね－」

　しかし、ばあちゃんの答えはこうだった。

「何言うとるの。貧乏には二通りある。

　暗い貧乏と明るい貧乏。

うちは明るい貧乏だからよか。

それも、最近貧乏になったのと違うから、心配せんでもよか。

自信を持ちなさい。

うちは先祖代々貧乏だから。

第一、金持ちは大変と。

いいもの食べたり、旅行に行ったり、忙しい。

それに、いい服着て歩くから、こける時も気ぃつけてこけないとダメだし。

その点、貧乏で最初から汚い服着てたら、雨が降ろうが、地面に座ろうが、こけようが、何してもいい。

ああ、貧乏で良かった」

…………………………………………………………。

「ばあちゃん、お休み」

としか言いようのない俺だった。

# 第4章　由緒正しい貧乏暮らし

胸を張って「先祖代々の貧乏」と言うだけあって、ばあちゃんの貧乏暮らしぶりは、筋金入りだった。

俺が小学校低学年の頃は、まだまだ戦争の傷跡が深く、みんな貧乏で満足に食事を摂《と》っていない子供も多かった。

そこで、学校でも子供の栄養調査というものが定期的に行われていた。

「今朝は何を食べましたか」とか「昨夜《ゆうべ》は何を食べましたか」などの質問の答えをノートに書いて提出するのだ。

『朝ご飯は、伊勢《いせ》エビのみそ汁を食べました』

『夕ご飯は、伊勢エビの焼いたのを食べました』

数日続けてこう書かれたノートを見た担任の教師が、放課後、難しい顔をして、ボロボロのわが家にやって来た。

こんな貧しい家の子が伊勢エビを、しかも二食続けて、毎日食べるなんておかしいと思ったのだろう。

「これが徳永君の答えなんですけど、本当でしょうか」

先生は、ばあちゃんにノートを見せて聞いた。

憤慨《ふんがい》した俺は騒ぎ立てた。

「嘘《うそ》なんか書いてないよ！　なあ、ばあちゃん。朝ご飯も晩ご飯も、毎日伊勢エビ食べてるよなあ」

そのとたん、ばあちゃんはアハハハと笑い出したのである。

「先生、すいません。あれは伊勢エビじゃなくてザリガニです。私がこの子に、伊勢エビて言うてたけん……」

「そうでしたか」

「見た目は、ほとんど一緒ですけん」

「……まあね」

先生も大笑いして、一件落着。

ばあちゃんは、俺に伊勢エビだと言ってザリガニを食べさせていたのである。
伊勢エビなんか食べたことのない俺は、すっかり本気で信じていたのだ。
ちなみに、ザリガニもうち専属のスーパーマーケット（川）でよく獲《と》れていた。
これは、ばあちゃんが一度だけ、俺についた罪のない嘘だった。

またある時は、こんなこともあった。
夏の日のこと。
友達の家に遊びに行った俺は、そこでおもしろいものを見つけた。
スイカで作った仮面だ。
そこは農家だったので、山ほどスイカがあったのだろう。
今ならハローウィンの時、カボチャで作るようなやつが、スイカで作ってあったのだ。
「おもしろいなあ。いいなあ」
と連発していた俺に、友達がそれをゆずってくれることになった。

俺は嬉しくて、嬉しくて、大事に抱えて帰ってばあちゃんに見せた。

「ばあちゃん、よかと?」

「ふうん。おもしろかねえ」

ばあちゃんも、感心して見ている。

俺は、次の日は学校に持って行ってみんなに見せびらかそうと、枕元にスイカの仮面を置いて寝た。

ところが朝起きて、枕元のスイカ仮面をもう一度見ようと思ったら、仮面は影も形もないのだ。

ばあちゃんは仕事に行っていていない。

仕方なく学校に行って、帰ってきてから、ばあちゃんに聞いた。

「ばあちゃん、俺のスイカの仮面知らん?　朝起きたら、なかったよ」

「ああ、あれ」

ばあちゃんはニッコリ笑うと、鉢を見せた。

「ほら、おいしそうやろ?」

鉢の中には、スイカの皮の漬け物が入っていた！

これらのエピソードでも分かるように、貧乏暮らしで何が大変かというと、毎日の食べるものだった。

家はボロ屋ながらも雨露《あめつゆ》はしのげるし、着る物だって贅沢《ぜいたく》を言わなければそんなにいるものではない。従兄弟のお下がりだってある。

でも、ご飯だけは毎日食べなければならないから、ばあちゃんの食への知恵は格別にすごかった。

まず、ばあちゃんは実によくお茶を飲む人だったが、お茶を飲むと茶殻《ちゃがら》が出る。これを天日に干してフライパンで煎《い》り、塩をまぜてふりかけにしていた。今ならカテキンもたっぷりの、『おばあちゃんのふりかけ』として売り出せるかも知れない。

それから魚の骨。

「カルシウムやけん、食べんしゃい」

ばあちゃんはそう言って、少々どころか、かなりの太い骨まで、俺に食べさせた。それでも絶対にかみ砕くことができないような固い骨もある。煮付けたサバの骨などは、食べた後、骨をお椀に入れて熱湯をかけ、お吸い物代わりに飲んでいた。が、それで終わりではない。さらに残った骨は、干して包丁で叩いて粉にして、鶏の餌にしていた。他にもリンゴの皮とか、野菜のちょっと傷んだ所は、全部鶏の餌になっていた。

「拾うものはあっても、捨てるものはないと」

ばあちゃんは、なぜか威張《いば》っていつもそう言っていた。

拾うものといえば、例のスーパーマーケットだが、年に一度、グルメフェアが開催された。

それはお盆である。

九州では、お盆をお祀《まつ》りした最後の日に、仏様を見送るということで、小さな舟に食べ物や花を乗せて川に流す、精霊流《しょうりょうなが》しという行事がある。

賢明な方はもうお気づきだろうが、上流から流れてくる舟は、当然ばあちゃんの仕掛けた棒に引っかかる。

そこで、舟に乗っているリンゴやバナナなどの果物を拾い上げるのだ。

リンゴやバナナは食べたいが、さすがに初めて見た時はバチ当たりな気がした。

「ばあちゃん、これ、仏様や神様へのお供えやろ?」

「うん」

「いくら何でも悪くないかなあ」

「何、言うの。このまま腐った果物が流れて行ったら、海が汚れる。お魚さんも迷惑やろ」

そう言いながらも、ばあちゃんは、ひとつひとつ舟を拾い上げて、食べ物だけを頂戴《ちょうだい》する手を休めない。

「けどね……」ばあちゃんは、続けた。

「舟には、亡くなった人の霊が乗ってるから、ちゃんと、川に返さないと」

そう言うと、舟をもう一度、そっと川面に浮かべるのだった。

「ありがとうございました」と、手を合わせて。

ばあちゃんは、すごく信心深い人だったのだ。

前にも書いたように、朝のお供えは欠かさなかったし、これだけ貧乏していても、お寺さんへのお布施《ふせ》とか、仏事に関することでケチるということは絶対になかった。

年に一度のグルメフェアくらいでバチを当てる仏様がいたら、仏様の方に仏心がないのではないかと思う。

# 第5章　一番好きで、一番嫌いだった運動会

佐賀に来て一年の歳月が流れた。

その間、ばあちゃんの助言により、「走る」という究極に金のかからないスポーツに没頭した成果は、意外にも大きかった。

俺は、自分でも驚くほど走るのが速くなっていたのだ。

もうじき運動会。

俺は、走りに自信があったから、何が何でもかあちゃんに運動会を観に来て欲しかった。

『かあちゃん、僕はすごく走るのが速くなりました。

練習では、いつも一等です。

だから、運動会には絶対みに来てください』

へたくそな文字で一生懸命に手紙を書いたが、返事は『来られない』というものだった。

かあちゃんは、毎月、俺にお金を送るために一生懸命働いているのだと頭では分かっていたが、やっぱり寂しかった。

心から楽しみにしていた運動会が、急につまらないもののように思えてきて、やけくそで「大雨になったら、いいのに」と思ったりもした。

しかし、俺は運動会の朝、センチメンタルな気分も吹き飛ぶ、ばあちゃんの奇声に起こされたのだ。

「ウメ！　ウメ！」

ばあちゃんのその奇妙な声は、庭の方から聞こえてくる。

一体何事かと思って庭を見たら、鶏に向かって卵を「産め」と言っているらしい。

当時、ばあちゃんの家では五羽の鶏を飼っていたが、毎日、卵を産むわけではない。

それに冷蔵庫もないので、その日、産んだ卵しか食べられないのだ。

普段は給食が出たが、運動会の日は弁当だったので、せめて卵焼きくらい入れてやりたいと思ったのだろう。

少し話はそれるが、当時の給食を「まずかった」と言う人がよくいるが、俺にとっては最高のフルコースで、栄養補給の場だった。「臭い」と飲まない生徒が多かった脱脂粉乳は五〜六杯おかわりしたし、「固いからイヤ」と残されたコッペパンは教科書を放り出しても、ランドセルに詰め込んで帰った。

持って帰ったコッペパンを炭火で焼くと、家中に香ばしい匂いが漂う。

ばあちゃんも、

「フランス人みたいだね」

と、嬉しそうに熱々のパンを口に運んでいた。

「どうせなら、マーガリンもあったらいいのになあ」

と言ってみると、

「そんな外人は知らん」と言い放たれたが……。

さて、運動会の朝の「産め」騒動に話を戻そう。

「産め！　産め！」

「ケッコウ！　ケッコウ！」

「何が、結構や。産まんか！」

「ケッコウ！　ケッコウ！」

「運動会って、知ってたやろう？　産め！　産め！」

「ケッコウ！　ケッコウ！」

「このバカニワトリ！　産め！　産め！」

ばあちゃんの気持ちはありがたいが、鶏には気の毒な話である。

ところが、しばらくばあちゃんと鶏を見ているうちに奇妙なことに気が付いた。

「産め！　産め！」

と鶏に気合いを入れるばあちゃんに、

「はい！　はい！」

と合いの手が入るのだ。

「産め！　産め！」

「はい！　はい！」

「産め！　産め！」

「はい！　はい！」

よく聞くと、合いの手は隣の家から聞こえている。

隣のばあちゃんの名前が「吉田ウメ」さんだった。

結局、ばあちゃんの喝入れは成功せず、俺はご飯と梅干しとショウガだけという質素な弁当を持って家を出た。

憎たらしいほどの晴天だったが、俺はもう運動会が嫌だとは思っていなかった。かあちゃんが来てくれなかったのは残念だったが、精一杯頑張ろうと思っていた。

「宣誓！　我々は、スポーツマン精神にのっとり、正々堂々と闘うことを誓います」

六年生の代表が選手宣誓をして、佐賀での初めての運動会が始まった。

俺の出場する低学年の50ｍ走は、前半の目玉として、午前中最後の種目になっている。

玉入れや体操など、プログラムはどんどん進み、ついに50ｍ走になった。

軽快な音楽に合わせて入場。

その頃になると、自信満々の俺も、ちょっとだけ緊張していた。

「位置について、よーい……」

「パン！」

スタート合図のピストル音がし、一番目のグループが走り出した。

「パン！」

「パン！」

「パン！」

ピストルの音を合図に、次々に走者が走り出して行く。

中には、途中までトップで走っていたのに、転んでビリになって泣いている子もいる。

そんな子を見ると、ドキッとした。

いよいよ俺の番がやって来た。

「位置について、よーい……パン！」

俺は、駆けだした。

毎日ひとりで走っていた運動場を、思い切りよく、風を切って走る。

空は真っ青で、周囲からは応援に来た父兄たちの歓声が上がっている。

無我夢中で走り抜け、気が付いた時には、テープを切って一着でゴールしていた。

「かあちゃん、俺、一着やったよ」

今日は観に来られなかったけど、手紙に書けば、かあちゃんは喜んでくれるだろう。その時は、もう、それだけでいいと思っていた。

しかし、そんな爽《さわ》やかな気分は長続きしなかった。

「楽しいお昼休みになりました。みなさん、お父さん、お母さんと一緒にお弁当を食べましょう」

教頭先生のアナウンスが流れ、みんな、応援に来ている家族と一緒に弁当を食べるため校庭へと散って行ったのだ。

「よう頑張ったね」

「怪我《けが》せんかったか」

「あんたの好きなウインナー、持ってきたよ」

褒《ほ》められたり、心配されたり、愛情いっぱいの言葉が飛び交う中で、俺はひとり一等のリボンを胸につけて歩くことになった。

走っていて俺への声援がないことより、この時の方が辛《つら》かった。

「徳永君って、足、速いねー。一緒にお弁当食べよう」

近所の顔見知りのおばさんが誘ってくれたが、

「ううん、いい。かあちゃんがあっちで待ってるから」

誰にでも分かる嘘をついて、俺は走ってひとり教室へ戻った。

ばあちゃんも、運動会には来ない。

いや、運動会だけでなく参観日にもだ。

転校してきたあの日、「年とってる」と言われたことが、ずっと心にひっかかっているらしい。

ばあちゃんが来たら、俺が恥ずかしい思いをすると考えている様子だった。

教室に着いた俺は、ひとり自分の席に座った。

校庭からは、わいわいと蜂の羽音のような喧噪《けんそう》が聞こえてくる。

ほとんど涙ぐみそうになりながら、質素な弁当を広げようとしていた時、ガラリと教室の戸が開いた。

「おう、徳永。ここにいたか」

担任の先生だった。

「何ですか？」

俺は、あわてて目をこすった。

「あのな、弁当取り換えてくれんか？」

「え？」

「先生、なんかさっきから腹が痛くてな、お前の弁当には梅干しとショウガが入ってるって？」

「はい」

「ああ、助かった。お腹にいいから、換えてくれ」

「いいですよ」

俺は先生と弁当を交換した。

「ありがとう」

先生は、俺の弁当を持って教室を出ていった。

「腹痛か。大変やなあ」

そんなことを思いながら、先生の弁当箱を開けた俺は、思わず歓声を上げた。

卵焼きにウインナー、エビフライと、先生の弁当には、それまで俺が見たこともないような豪華な料理が詰め込まれていたのである。

俺は夢中で食った。

世の中に、こんなおいしいものがあったのかというくらい、おいしかった。

先生の腹痛のおかげで、しぼんでいた心もちょっとふくらみ、俺は午後のリレーでも大活躍することができたのだった。

そして一年が経った。

三年生になった俺は、やっぱり運動会のヒーローだったが、かあちゃんは仕事で来られなかった。

そしてお昼休みになった。

弁当を食べようとしていると、またガラリと教室の戸が開き、先生がやって来た。

「おう、徳永。今年も、ここでひとりで食べてたのか」

「はい」

「先生、お腹が痛くなってな。お前の弁当は梅干しとショウガが入ってるって？　弁当、換えてくれるか」

「いいですよ」

もちろん、俺は喜んで交換し、また先生の豪華な弁当を食べた。

さらに次の年。

四年生になった俺の担任は、女の先生に代わった。

運動会では、また大活躍したが、かあちゃんは来られない。

そして、昼休み。

教室のドアが開いた。

「徳永君。ここにいたの？　先生、お腹が痛くなっちゃって。お弁当換えてくれる？」

なんと、新しい担任の先生まで腹痛だと言うのだ。

この学校の先生は、一年に一回、運動会の日にお腹が痛くなるのだろうかと真面目に思った。

それから小学校を卒業するまで、俺はずっと運動会のヒーローで、かあちゃんは一度も運動会に来てくれなかった。

そして毎年、毎年、俺の担任は運動会になると腹痛をおこした。

俺が先生の腹痛の意味を知ったのは、六年生になって、初めてばあちゃんにこの話をした時だった。

「変ばい？　みんな、運動会にお腹痛くなるっちゃけん」

「なんば言いよると。それは、先生がわざとしてくれたとよ」

「え？　でも、お腹が痛かって……」

「それが本当の優しさと。昭広のために弁当持ってきたって言ったら、お前もばあちゃんも気ぃつかうやろ？　だから先生は、お腹が痛いから交換しようって言ったとよ」

かあちゃんが運動会に来られないという俺の話が、代々、職員室で担任に受け継がれ、せめて一年に一度、おいしい物を食べさせてやろうと先生たちが練ってくれた策だったらしい。

本当の優しさとは、他人に気づかれずにやること。

それは、ばあちゃんの信条でもあるらしく、その後も、俺は何度となくその言葉をばあちゃんから聞いた。

そしてこの運動会の弁当の話は、今でも俺の心に深く残っている本当の優しさのひとつだ。

# 第6章　湯たんぽが運んできた幸せ

佐賀というと、南の方だから暖かいと思う人が多いようだが、九州の冬は案外寒い。

しかも、ばあちゃんの家は古い日本家屋だったので、寒さが身にしみた。それに、寒くなると皮下脂肪が必要になるのか、いつもよりお腹が空くような気がしたし、実際に空腹の時はいつもより寒く感じた。

あれはたしか小学校三年生の、秋も深まり、冷え込みが厳しくなってきた頃のことだった。

学校から帰った俺は、ランドセルを置くやいなや、

「ばあちゃん、腹へった！」

とうったえた。だが、その日はきっと何もなかったのだろう。ばあちゃんは、いきなり、

「気のせいや」

と、返してきたのだ。

そう言われると、まだ九つかそこらの俺は「そうかなあ」と大人しくしているしかない。もう日は暮れていて、外で遊ぶことは出来ないし、テレビなんてあるはずもない。手持ちぶさたな俺が、

「何しようかな?」

と、ポツリと呟《つぶや》いたら、ばあちゃんは、

「もう寝なさい」

と言うではないか。時計を見ると、まだ夕方の四時半。いくら何でも早いとは思ったが、寒かったので俺は素直に布団に入り、いつしか寝入ってしまった。

多分、夜の十一時半くらいだったろう。俺は、いくら気のせいやと言われても、お腹が空きすぎて目が覚めた。隣に寝ているばあちゃんを、

「やっぱり、お腹減った」

と揺り起こしたら、今度は、

「夢や」

と言われてしまった。布団の中だったので、一瞬夢かと思ったけど……空腹と寒さで涙がこぼれた。

ばあちゃんはいつも明るい人だったし、毎日、毎日、そんな日が続いたわけではないけど、それでも寒い冬というのは、何となく気分が沈むものだ。

ところが、ある日のこと。いつもにも増して寒い夜だというのに、ばあちゃんがなんだかウキウキしている。

「何かあったん？」と聞くと、

「今日から、湯たんぽがあるからあったかいぞ」

と楕円形で銀色をした古びた湯たんぽに、嬉《うれ》しそうにやかんの湯を注いでいる。拾ってきたのか、どこかから引っ張り出してきたのか知らないが、

「そんなものくらいで、あったかくなんかなるのか？」

と、俺は半信半疑だった。

ところが、これが毛布にくるんで足下に置くと、すごくあったかい。そしてあ

たたかな布団の中は天国のようで、ぐっすりと眠れる。

その夜から、俺もすっかり湯たんぽ崇拝者となり、夜になってばあちゃんが湯たんぽに熱湯を注いでくれるのが楽しみになった。

湯たんぽが、寒いわが家に幸福を運んできたのだ。

そんなある夜、となりのおばさんが家を訪れた。

例によって、まだ八時くらいなのにさっさと布団にくるまっていた、ばあちゃんと俺。もちろん、足下にはぬくぬくの湯たんぽが置かれている。

それでも、ばあちゃんは嫌な顔ひとつせず、愛想良くおばさんを家に招き入れた。そして、

「これ、もらい物だけど」

と高菜の漬け物を差し出すおばさんを、

「まあ、お茶でも飲んで行ってください」

と引き留める。

「あらぁ、遅くにすみませんねえ」

などといいながらも、いそいそと部屋にあがるおばさん。

が、その次が問題だった。

ばあちゃんは、

「ちょうど良かったわー」

と言いながら、布団の中から取りだした湯たんぽの栓を開けて、急須に湯を注いだのである！

当然、おばさんはすすめられたお茶になかなか手が伸びない。

でも、ばあちゃんは、

「遠慮せんと飲んでください。さっきまで足が載ってたけど、中身のお湯は関係ないですから」

と、あっけらかんと笑うのだった。

この時ばかりは、隣のおばさんに味方したい気持ちになった俺だったが、それから数日後、人に同情している場合じゃない立場に追いやられたのだった。

楽しみにしていた秋の遠足の朝。

ばあちゃんに、

「水筒ないの？」

と聞くと、間髪入れずに、

「湯たんぽに、お茶を入れて行ったらいい」

と返事が返ってきた。

「えー、湯たんぽ？」

とは思ったが、何もないよりはましかと思い、俺は湯たんぽにお茶を入れてもらって家を出た。

しかし、あくまで湯たんぽである。

湯たんぽを紐《ひも》でしょって歩く俺は、クラス中どころか、道ゆく人にまで注目の的になってしまった。

一日中、本当に恥ずかしい思いをしたのだが、遠足も終盤にさしかかっての帰り道。事態は突然変わりはじめた。

走り回って遊んだ上、たくさん歩いた子供たちは、みんな喉《のど》が渇いている。友達の小さな水筒のお茶は、すでに空っぽだったが、俺の湯たんぽには、まだ三分の二ほども残っていたのだ。

「徳永君、まだお茶あるの？」

「飲ませて！」

と、みんなが俺のところへやって来た。こちらとしても、お茶が減れば湯たんぽが軽くなるので断る理由はない。

「いいよ、いいよ」と、気前よくお茶をふるまっていたら、なんと「これ、お礼」とお菓子をくれる子まで現れたのだ。

何しろ、よその家では「ただいま！　おやつある？」と言えば、まんじゅうとかせんべいが出てくるらしいが、うちでは「おやつ、ある？」と聞けば「田中さんの柿が食べ頃だ！」と言われる始末である。

湯たんぽのお茶が、お菓子に代わるなんて、『わらしべ長者』の気分だった。

これも『湯たんぽは、足を温めるだけの道具』という既成概念にとらわれない、ばあちゃんのアイデアのお陰というものであろう。

# 第7章　金は天下の拾いもの!?

小学校も四年生くらいになると、俺も目覚めの頃を迎えた。

それまでは全く興味のなかった金というものに、色気が出てきたのだ。

学校の帰り道に、一軒だけ駄菓子屋があって、丸いガラスの入れ物にチャイナマーブルやスズメの卵、大きな飴玉《あめだま》などが入って陳列されていた。

確か、チャイナマーブルは一個一円で、スズメの卵が二個で一円だったと思う。

その店に寄り道できるのは、お金に余裕のある家の子供たちだけだった。

「ちょっと寄って行くけん」

「バイバイ！」

手を振って駄菓子屋へと消えていく同級生を見送るのは、ひどくうらやましいものだった。

木の実もいいけど、たまには飴玉やアイスクリーム、ところてんだって食べたい。

でも、もちろんお金なんかもらえない俺は、お菓子を買った子に聞く。

「どんな味がする?」

「………」

味なんか答えられないから、大抵の子は食べさせてくれるのだ。

けれども、いつまでも飴玉をしゃぶっている俺に、やがて相手はしびれを切らす。

「返して」

仕方なく返すが、しばらくするとまた聞く。

「どんな味がする?」

「さっき、食べたやろう?」

「忘れた」

「十秒たったら、返してよ」

忘れたはずもないのだが、そこは田舎の純粋な子供のこと。

しぶしぶながらも、また飴をなめさせてくれる。

「いーち、にーい、さーん、しーい……じゅ――」

十秒たつと素直に返すのだが、またしばらく経《た》ったら、

「どんな味がする？」

と聞いては、なめさせてもらった。

そのうち、お互いに十秒ずつなめようというところまで、うまく話を持っていく。

「いーち、にーい、さーん、しーい……じゅ――」

相手の子が十秒を数え終わると、俺は飴を口から出して相手に渡し、数え始める。

「いち、に、さん、し、ご、ろく、しち、はち、くっ、じゅっ！」

するとまた、飴は俺の口の中にやって来る。

「いーち、にーい、さーん、しーい……じゅ――」

「いち、に、さん、し、ご、ろく、しち、はち、くっ、じゅっ！」

「いーち、にーい、さーん、しーい……じゅ――――――」

「いち、に、さん、し、ご、ろく、しち、はち、くっ、じゅっ！」

相手の子は普通にのんびり数えるのだが、俺は出来る限り早く数えた。

しかし、やっぱり相手もおかしいと思い始め、抗議してくる。

「お前は、数えるのが早か」

「そんなこと、ない。いくよ。いーち、にーい、さーん、し、ごっ、ろく、しち、はち、くっ、じゅっ！」

「やっぱり早か」

「気のせい、気のせい」

そんなことばかり、やっていたものだ。

けれど、俺はある時、ひらめいた。

自分のお金で、お菓子を買う方法を思いついたのだ。

「なあ、俺らも駄菓子屋へ行こう」

俺は、同級生たちを誘った。

「そりゃあ行きたいけん、お金がなかと」

「俺に、まかしとき！」

「どうすると？」

「拾う」

「お金なんか、落ちてないと」

「お金じゃない。お金になるものを、拾うと」

俺は自信たっぷりにそう言うと、次の日曜日に神社の境内《けいだい》に集まるようみんなに言った。

日曜日になると、五、六人の友達が境内に集まって来た。

みんな、お小遣いなんかもらえないような子たちだ。

「いいか。これを付けて歩くと」

「何？　これ」

怪訝《けげん》そうな顔をしているみんなに、俺が渡したのは磁石と紐《ひも》。

そう、俺はばあちゃんの智恵を拝借することにしたのだった。

ガラガラ、ガラガラ。ガラガラ、ガラガラ……。

早速、みんなで磁石をひっぱって歩き始めた。

歩いてみて驚いたが、結構な数の釘《くぎ》が落ちているのだ。

ガラガラ、ガラガラ。ガラガラ、ガラガラ。

変な音をたてながら、しばらくみんなで歩いていると、ポトッ、ポトッと上から何かが落ちてきた。

見上げると、電柱でおっちゃんたちが工事をしている。

落ちてきていたのは、当時アカと呼ばれていた銅線だった。

「おっちゃん、これ、もらってもいい？」

「うん、いいよ」

電柱の上に向かって声をかけると、おっちゃんたちは二つ返事でゆずってくれた。

夕方。

その日の収穫をクズ屋さんに持っていくと、ひとり十円ずつになった。

手に入れたお金を握りしめて走った先は、もちろん例の駄菓子屋だ。ところてんがひと刺し五円の時代だったから、十円の買い物でも、俺たちは結構楽しむことができた。

なにより労働の後、みんなで食べるアイスクリームやところてんは、本当にうまかった。

それからしばらくの間、貧乏な子供たちの間で、腰に紐をつけて磁石を引っ張って歩くのが流行したのは言うまでもない。

しかし、実はその頃、俺には駄菓子よりも、もっともっと買いたいものがあった。

それはクレパスだった。

当時、俺のクラスでは俺以外の全員が十二色入りのクレパスを持っていた。

俺は持っていないので、人に借りて絵を描くことになる。

「田中君、白かして」と言っては、ちょこっと塗《ぬ》って、「山崎君、赤かして」と言っては、またちょこちょこっと塗っていたのだ。

物のない時代だから、みんな自分のクレパスを大事に使っていて、貸してはくれるものの、「使いすぎたら、ダメ」とか、「ちょっとだけ」と注文をつけられる。

だから、遠慮しながらあっちに借り、こっちに借りしているうちに、俺の絵はいつも、右の眉毛《まゆげ》は赤いけど左は黒という感じになっていく。

せっかくかあちゃんの顔を描いても、下手くそなピカソみたいで、とても広島に送る気になれなかったのだ。

ある日のことだった。

俺は近所に住む喜佐子おばちゃんの子どもで、四歳年上の従兄弟と一緒に、城のお濠でいかだに乗っていた。

ところが、いかだが何かに引っかかってしまい、俺と従兄弟は仕方なく濠の中に入って、いかだを押し始めた。

グニュッ！

その時、足下にいやーな感触があって、俺は何かを踏んづけた。

「なんか、踏んだ」

俺は、従兄弟にそう言うと、水底から踏んだものを引き上げた。

「なに、これ。変な亀」

俺が言うと、従兄弟が素《す》っ頓狂《とんきょう》な声を上げた。

「スッポンや！」

「スッポン？」

「昭広、それ、魚屋に売ったら、ええ金になるとよ」

俺たちは、顔を見合わせてニッコリ笑うと、ふたりでスッポンをかかえて持ち帰り、バケツに入れていさんで魚屋に売りに走った。

俺に踏まれたのが運のツキ。

あわれ、スッポンは八百四十円で魚屋のおっちゃんに引き取られ、俺と従兄弟はそれぞれ四百二十円という大金を手にした。

俺はすぐ、金を握って文房具屋へ走った。

「おばちゃん、四百二十円でクレパスありますか？」

「三百八十円で、二十四色のがあるよ」

「それ、ちょうだい！」

家に帰って、二十四色入りのクレパスの箱をそっと開けると、今まで見たこともないような色がいっぱい入っている。

特に金色とか銀色なんて、何かすごくありがたいもののような気がして、笑いがこみあげてきて止まらなかった。

俺は、次の日、図画の時間もないのに長いクレパスの箱を持って学校へ行った。一時間目は国語だったが、かまわず机の上にクレパスを置く。

「徳永君、何、これ？」

先生に聞かれると、クレパスとは言わずに、

「二十四色です」

とふたをあけて見せた。

先生も「へー、すごいねえ」と言ってくれる。

周りの友達も、二十四色なんて誰も持っていないから、珍しそうに箱の中を覗《のぞ》

き込んでは、ため息をつく。

それからしばらく、俺は、雨の日も風の日も、毎日、毎日、その長い箱を持って学校に行き、算数だろうが社会だろうが机の上に置いていた。

図画の時間には、

「ちょっとだけな」

と、隣の席の子に、金色や銀色のクレパスを使わせてあげた。

本当に嬉しかったけれど、かあちゃんの絵はやっぱり下手くそなピカソになってしまう。

あまりクレパスとは、関係なかったのかも知れない。

# 第8章　かあちゃんと野球少年

小学校五年生になった年、俺は同級生たちと野球チームを作った。

当時、男の子はほとんど全員が野球ファンだったと思うが、俺の野球好きには別な理由があった。

毎年、夏休みになると広島のかあちゃんのところに帰ることができるのだが、かあちゃんは、俺が広島に帰ると必ず、広島市民球場へプロ野球を観に連れて行ってくれたのだ。

「夏休みにかあちゃんと、プロ野球を観に行ったよ」

「本当か？」

「嘘《うそ》や！」

当時、野球観戦はまだまだ贅沢《ぜいたく》なことで、ド貧乏の俺が連れて行ってもらえる訳はないと、みんなが疑うのだった。

しかし、俺はそんな時のためにちゃんと「○月○日　広島—巨人」と書かれた半券を置いている。

「ほら!」

「わあ、本当や」

「いいなあ」

野球チケットの半券は、水戸黄門の印籠《いんろう》のようなもので、みんなは恐れ入ったとばかりにハハーッとなる。

そんなわけで、野球というのは俺にとって幸せの象徴みたいなものだったのだ。

加えて、自分で言うのも何だが運動神経もいい方だし、例によって走るのが速い。

俺は自分でプレイすることを覚えると、たちまち野球ファンから野球少年になっていった。

放課後も日曜日も、学校に行っていない時間は、ほとんど野球をして過ごした。

今度こそ、本当にスポーツ少年の誕生だ。

野球にもバットやグローブは必要だが、全員が持っていなければできないわけではない。

試合をやるにしても、グローブは両チーム合わせて九つあれば万々歳で、実際のところは五つもあればなんとかなった。

軟式だったし、ピッチャーやキャッチャー、ファースト以外は、素手でも十分だったのだ。

もちろんベースなんてないから、草を引っこ抜いて置いて「これがベース」という感じでやっていた。

それでも俺たちのチームは、上級生の六年生チームと対戦したり、隣の小学校に試合を申し込まれたりと、なかなかの強豪《きょうごう》だった。

ところがそのうち、俺たちのチームに大きな問題が持ち上がるようになったのだ。

ある時、チームに池沢君という男の子が仲間に入れて欲しいとやって来た。

「俺も、野球やりたか」

「うん。いいよ」

入りたい子はみんな仲間に入れてやっていたし、それ自体には何の問題もなかった。

しかし、池沢君が初めて練習にやって来た時、俺たちはド肝を抜かれた。

ピカピカのバットとグローブにも、うらやましくてため息が出たが、

「俺、キャッチャーがやりたい」

そう言うと池沢君は、これもまたピカピカのスポーツバッグから、ピカピカのキャッチャーミットと面まで取り出したのである。

さらに、さらに、

「これも、みんなで使って」

と、ベースまで揃《そろ》っている。

池沢君の家は老舗《しにせ》の菓子屋で、長男ということもあり、とても可愛がられていた。

親たちは期待の跡継ぎが野球を始めるとなると、あらゆる野球道具を買い与え

たのだった。

野球は道具がなくても出来るとはいえ、やっぱりある方がいいし、何よりプロみたいで格好いい。

池沢君がチームに入ってからというもの、俺たちに試合を申し込んでくるチームが、ますます多くなった。

ところが、これらの道具を使うには、池沢君を試合に出さないわけにはいかない。

でも、池沢君は「うそー」というくらい運動神経が皆無《かいむ》だったのだ。

でも、池沢君を出さなければ、格好いい道具は使えない。

池沢君を出したら、うちのチームは必ず負ける。

池沢君には気の毒だが、彼のいない時、俺たちはいつも、

「なあ、次の試合、どうする？」

「池沢出したら、負けるばってん……」

「そんなら、またベースなしでやる？」

「ダメ、ダメ。相手チームも期待してるのに」

と、かんかんがくがくの論争を展開していたのだった。

さて、野球少年の俺たちの憧れは、もちろん野球選手だった。

いつだったか、佐賀市民球場で広島カープと西鉄ライオンズのオープン戦があって、家の近所の古い旅館に、広島カープの選手が泊まったことがあった。

ひと目、野球選手を見ようという人たちで、旅館の周りには人だかりができた。けれども、なかなか現れない選手にしびれを切らして、ひとり帰り、ふたり帰り、ついに辺りは真っ暗になって、俺ひとりが残された。

野球選手というものへの憧れもあったが、彼らがかあちゃんのいる広島からやって来たということがまた、俺に特別な気持ちを起こさせたのだ。

そのうち、ようやく食事が済んで、町へ繰り出そうということになったのだろう。選手たちがぽつぽつと表へ出てきた。

俺はひとりの選手に駆け寄って話しかけた。

「あの、ちょっとお伺《うかが》いしたいんですけど……」

「なに？」

「あの……僕のかあちゃん、広島で働いてるんです。徳永っていうんですけど、会ったことありますか」

今、考えたら笑ってしまうほどバカバカしい質問なのだが、その頃の俺は広島といえば、かあちゃん。

広島にいる人は、みんなかあちゃんとつながっているような気がしていたのだ。

でも、その選手はバカにしたりせずに、にっこり笑って答えてくれた。

「うーん……会ったことないなあ。僕は、ここで何してるの？」

「かあちゃん、仕事で忙しいから……おばあちゃんの家に預けられてるんです」

「ふうん、そうか。ちょっと待ってて」

その人は、もう一度旅館に入って行くと、手に何か包みを持って出てきた。

「これ、あげるわ。おかあちゃんに会ったら、よろしく言っとくな」

そう言って、俺に包みを渡すと手を振って去って行った。

もらった包みの中は、豆菓子だった。

砂糖にくるまれたその菓子を、ひとつつまんで口に放り込むと、香ばしさと甘さが広がった。

かあちゃんと会うわけもないのに、会っても分かるわけもないのに、

「よろしく言っとくな」

と笑ってくれたその人の優しさは、俺をさらに広島カープファンにさせた。

今、思うと、その人は古葉《こば》選手だったような気がする。

# 第9章　ばあちゃんとかあちゃん

佐賀にやって来てからというもの、俺は年に一回、夏休みしかかあちゃんに会えなかった。

運動会にも参観日にも、かあちゃんは忙しくて来られないからだ。

でも、ある年の冬休みが近づいた日、俺ははたと気がついた。

(学校には、夏休みだけじゃなくて、冬休みも春休みもある。だったら、夏休みと同じように、俺がかあちゃんに会いに帰ればいいのだ!)

すごくいい考えだと思い、早速ばあちゃんに言いに行った。

「ばあちゃん、俺、今度の冬休みも広島に帰りたい」

「それは無理たい」

「なんで?」

「冬は、汽車が走っとらん」

俺は勢い込んだ分、ガッカリした。でも、まだ望みは残っている。

「じゃあ、春休みに帰りたい」

「それも無理たい」

「なんで？」

「春は、運転手さんは用事があると」

「そうなんか」

やっぱり、夏休みにしか広島へ行けないのには理由があったのだ。

そう思い、俺はあきらめた。

けれど一旦《いったん》、この冬も広島へ帰れると思いこんだ気持ちは、なかなかおさまらない。

そこで俺は、広島へ続く線路だけでも見たくて、友達と汽車を見に行った。

「この線路をずーっと行くと、広島に着くっとばい」

「へーえ。この先が広島かあ」

友達も、感心しながらどこまでも続く線路を見ている。

ガタン、ゴトン、ガタン、ゴトン……。

ところがその時、線路の向こうの方から汽車がやって来たのだ。

「うわぁ、汽車、走っとっとー！」

これでは、話が違う。

俺は、友達もそっちのけで大急ぎで家へ帰った。

「ばあちゃん、汽車が走ってる！　今年の冬は休みと違う！」

「まさか」

「今、見てきたもん！」

「ああ！　それは、貨物列車や」

「違う！　手を振ったら、振り返してくれたよ」

「手ぇ？　それは、家畜やろ」

ばあちゃんも俺をごまかすのに苦労したのだろうが、全く、ああ言えばこう言うというか、頭の回転の速いばあちゃんだった。

さて、会えるのは年に一度だったので、俺とかあちゃんはいつも、手紙のやりとりをしていた。

『こういうものがいるので、送ってください』そんな手紙を書くと、必ず半分だけは叶えられて、もう半分は叶えられない。

そのことによって俺は、かあちゃんの大変さと愛情の両方を感じたものだった。

かあちゃんから手紙が来る時は、必ず俺宛《あて》とばあちゃん宛の二通が一緒に届いた。

その日も、かあちゃんから二通の手紙が届いて、俺とばあちゃんは茶の間でそれを読んでいた。

「ごめんください」

「はい、はい。どなた？」

玄関で声がしたので、ばあちゃんが表に出ていった。

その時、手紙は開いて置かれたままだった。

盗み読みしようなどという気は全然なかったのだが、俺は何気なくその手紙を覗き込んだ。

手紙は、『前略　昭広は元気ですか』で始まっている。

最初に俺のことが書いてあったのが嬉しくて、俺は手紙を読み進んだ。

ところがその後、手紙には苦しいかあちゃんの近況が綴《つづ》られ、

『……毎月五千円を送っていましたが、今月は二千円しか送れないので、お母さん、何とかお願いします』

と書かれてあったのだ。

ばあちゃんが茶の間に戻って来た時、俺は何食わぬ顔で座っていたけれど、内心はどうしていいか分からなくなっていた。

ただでさえ貧乏なのに、今月はかあちゃんが二千円しか送って来ないのだ。のほほんと暮らしている場合ではない、という気がしてきた。

考えた末、俺はご飯を控えることにした。

その日の夕飯になった。

おかずは相変わらず貧相で、漬け物と野菜の煮たのだけだった。

おかずが少ししかないので、俺はその分、いつも白い飯を腹一杯食っていた。

茶碗は、瞬《また》く間にからっぽになった。

いつもなら、

「おかわり！」

と言うところなのだが、その日はそこで茶碗と箸《はし》を置いた。

おかわりしてくれようとしていたばあちゃんが、怪訝な顔になる。

「どうしたと？」

「別に。今日はもういい」

「なんで？」

「…………」

「具合でも悪かとね？」

「別に」

「おかわりして、ご飯、もう一杯食べんね？」

「もう、いい……」

うなだれている俺を見て、ばあちゃんは、はっと気づいたように言った。

「お前、手紙見たのか？」

「うん……」

その時、俺を見たばあちゃんの顔は、今でも胸の奥に焼き付いている。

怒っているような、悲しいような、なんとも言えない顔だった。

俺は、たまらなくなって家を飛び出した。

土手まで行くと、それまでこらえていた涙が、一気にあふれ出してきた。

何もかもが、腹立たしくて、悔しくて、たまらなかった。

家に帰ってばあちゃんと顔を合わせるのが嫌で、俺はむやみに土手を歩き続け、暗くなってから、そっと自分の部屋へ戻った。

すると、きちんと敷かれた布団の枕元に、フキンをかけたお盆が置いてある。

フキンをとると、大きなおにぎりが一つ、お皿に載っていた。

『ごはんくらい、食べなさい』というばあちゃんの手紙と一緒に。

また涙がこぼれそうになりながら、おにぎりを食べていると、ばあちゃんがガラリとふすまを開けた。

「帰ってたのか」

「うん」

ばあちゃんは、それ以上は何も言わず、おにぎりを食べる俺をじっと見ていた。

気丈な人だったので涙はこぼさなかったけれど、その時、ばあちゃんの瞳は確かに、ゆらゆらと揺れていた。

「先祖代々貧乏」と豪快に笑っていたばあちゃんが初めて見せた涙だった。

ばあちゃんの生家は持永《もちなが》家といって、代々、佐賀城主・鍋島《なべしま》藩の乳母《うば》をつとめていたと言う。

どうりで、ばあちゃんは品のいい人だったはずである。

そして詳しい経緯は知らないが、ばあちゃんは、自転車屋をやっていたじいちゃんと結ばれた。

自転車といっても当時は高級品で、自転車屋のじいちゃんはエリートだったのだ。

持永家のお嬢さんと、エリートの結婚。

しかし、幸せはそれほど長く続かなかった。

じいちゃんは、たった五十歳で、四十二歳のばあちゃんを置いて亡くなってしまったのである。

以来、ばあちゃんは掃除婦をやりながら、たったひとりで子供七人を育て上げたのだ。

苦労に苦労を重ね、自分の物など、何も持っていなかったばあちゃんだが、唯一、自慢の品があった。

それは、嫁入りの時に持ってきたという御紋入りの長持《ながもち》だった。

時代劇なんかで、お姫様が輿入《こしい》れするときに家来が担いでいく、あれである。

昔、鍋島藩からいただいた物ということで、随分な年代物だったから、担ぐ棒はなくなっていたけれど、さすがにしっかりとした立派な長持だった。

中には、それこそお姫様が着るような着物などが入っていて、ばあちゃんは、時折、中の物を虫干しして、宝物のように扱っていたものだ。

ところが、ばあちゃんには奇妙な習慣があった。

いくら立派でも長持なので、別に安全でも何でもないのだが、現金とか、大切なものをそこに入れておくのである。

一番、不可解なのはビールで、来客用にいつもそこに入っていた。

「まあ、ビールでも飲んで行きんしゃい」

とか言いながら、御紋の長持をカパッと開けたのを初めて見た時は、正直言って、面食らった。

ばあちゃんは自分は全然飲めないくせに、来客があると、昼でも夜でも景気良くビールの栓を抜く人だったから、ばあちゃんにとってビールというのは人をもてなす大切なもので、大切なものは宝箱に入れておこうという発想だったのかも知れない。

さて、ばあちゃんのことを書いたので、ここでかあちゃんのことにも触れておきたいと思う。

かあちゃんととうちゃんが死に別れた経緯は最初に書いた通りだが、かあちゃんもばあちゃんの娘らしく、すらっとした品のいい人だった。

俺が五年生になった年には居酒屋をやめて、広島でも屈指《くっし》の大きな中華料理屋に勤め、仲居頭にまで出世していた。

仕事が仕事だったから、いつも粋《いき》に着物を着こなし、はっと人目を引くようなところのある人だった。

五年生か六年生の春だったと思う。

一度だけ、春にかあちゃんが、数日だけ佐賀に泊まりに来てくれたことがあった。

夏休みは、いくら広島で過ごせるといっても、かあちゃんには仕事がある。だから、朝から晩まで一緒というわけにはいかないのだが、今回は、かあちゃんは仕事を休んで佐賀に来ているのである。

学校へ行く以外は、ずーっとかあちゃんといられる。

本当は、学校も休みたいくらいだったが、それは許されなかった。

だから、遅刻ギリギリまで家にいて、授業が終わったら、それこそすっ飛んで家へ帰って来た。

でも、一人では帰って来ない。

「うちには、かあちゃんがおるぞ。すごいだろう?」

と胸を張って、大勢の友達を引き連れて帰って来るのだ。

みんなにとっては、かあちゃんが家にいるのは当たり前だったのだろうが、俺には、自慢したくなるくらい嬉しいことだったのだ。

それに、かあちゃんに会わせると、友達がみんな、

「お前のかあちゃん、きれいなあ」

と褒《ほ》めてくれるので、得意で得意で仕様がなかった。

「かあちゃん、ただいま」

「おかえり」

「友達、連れてきたよ!」

「まあ、みなさん、いらっしゃい。広島のおまんじゅうだけど、良かったら食べ

てちょうだい」

きれいなかあちゃんがニコニコと笑顔で渡してくれる「もみじまんじゅう」を俺は、得意満面にみんなに配った。

みんなは広島という都会からやって来た、あか抜けしたかあちゃんと、当時はまだそんなに有名ではなかった、もみじをかたどった「もみじまんじゅう」を見比べて、目を白黒させていた。

かあちゃんが、いよいよ帰ってしまうという前の日、せっかくなので親戚《しんせき》みんなでお花見をしようということになった。

親戚がその親戚を連れてきたり、近所の人も一緒にということになったりで、多分、総勢三十人か四十人くらいになっていたと思う。

満開の桜の下で、ものすごい大宴会になって、カラオケなんかないから、かあちゃんが歌を歌うことになった。

それがもう、すごくうまくて拍手喝采《かっさい》。

興《きょう》に乗ったかあちゃんの妹が、家に三味線《しゃみせん》を取りに戻ったくらいだった。

そして、おばちゃんが三味線を弾いて、かあちゃんが歌い出したら、周囲の花見客までどよどよっとこちらを見たのだった。

にわかに俺たちのグループは目立ちはじめ、俺に近づき、話しかけてくる花見客まで出てきた。

「あの人、あんたのかあちゃん？」

「はい」

「そう。うまかねえ。はい、これ」

驚いたことに、その人が俺の手に握らせたのは五十円だった。

いわゆる、おひねりである。

別に舞台でもないので、本人に投げたりするのは気が引けたのだろう。

俺がかあちゃんの子供だと分かると、その後も、五十円、百円と、みんなが俺におひねりを握らせてくれた。

「もう一曲、お願いします」と言って、酒やビールを差し入れしてくれる人もいた。

かあちゃんもおばちゃんも、すっかり興に乗って、次々に歌を披露していった。

「あんたのかあちゃんは、本当に歌がうまかねえ」

ばあちゃんは一滴も飲めないのだが、唄うかあちゃんの姿に見惚《みと》れながら、酔ったように頬《ほお》を紅潮させて言った。

きれいで歌のうまいかあちゃんの息子だということで、鼻は高いし、楽しいし、お金までもらえるし、その日は忘れられない、最高の春の一日だった。

その夜、興奮さめやらないまま布団に入った俺は、隣に寝ているかあちゃんに言った。

「かあちゃんは、本当に歌がうまいなあ」

「ありがとう。小学校の時、喜佐子おばちゃんと一緒に満州に慰問《いもん》に行ったこともあるのよ」

「満州って今の中国？」

「うん、そう」

「慰問ってなに？」

「満州の兵隊さんに、民謡を聴かせに行ったのよ」

「外国まで歌を歌いに行ったん？　小学生で？　すごいなあ」

「おとうちゃんと結婚しなかったら、歌手になりたかったくらい」

かあちゃんはそう言って朗らかに笑ったが、多分、あれはあながち冗談ではなかったのだろう。

俺が漫才師となって活躍し、「スター家族対抗歌合戦」に出た時、かあちゃんはとても満足げだったし、三回出場して三回とも歌唱賞をいただいた。

そう思えば、歌手ではないが俺が芸能界に入ったのも、かあちゃんの血なのかも知れない。

それにつけても、かあちゃんもばあちゃんも美形だし、実は兄ちゃんも男前だ。

俺だけ父親似ということなのだろうか。

さすが、忘れ形見である。

# 第10章　一万円のスパイク

中学生になった俺は、迷わず野球部に入部した。

小学校の時、同じチームにいた連中も、ほとんど全員が野球部員となった。

当時、野球部には三年生が十五人、二年生も十五人いたのだが、俺は足の速さを認められて、一年生でいきなりレギュラーになることができた。

ここでも、ばあちゃんに勧められた「走る」行為が大いに功を奏したのだ。

中学の野球部といえば本格的で、小学校の頃、自主的にやっていたチームとは練習の量も質も比べ物にならない。

俺は、ますます野球に夢中になっていったのだった。

この頃、ある異変が起こった。

何をやっていても俺のことなんか知らんふりだったばあちゃんが、たびたび練習を見に現れるようになったのだ。

でも、相変わらずかあちゃんではなくばあちゃんだということを遠慮しているのか、大っぴらにはやって来ない。

練習試合なんかを観に来ていても、物陰からこそっと隠れるように観ているのである。

「おい、来てるよ」

「うん。知ってる」

度々、チームメートが俺に耳打ちして教えてくれたが、せっかく、ばあちゃんが気を遣っているのだから、俺も気づいていないふりをしていた。

でも、ある日、家に帰ったら、

「あんた、今日、打ったね！」

と、ばあちゃんが勢い込んで出てきた。

その日は俺がサヨナラホームランを打った日だった。

来ていたのは知っていたけれど、

「あれ？　なんで知っとっとね？」

ととぼけたら、ばあちゃんはアハハと照れたように笑った。

そんなことが何度かあって、少しずつばあちゃんも、真ん中で声を出して応援するようになっていった。

「昭広ー、かっ飛ばせー!!」

普段は品のいいばあちゃんが、この時ばかりは大声をあげて応援してくれる。

家族が誰も観ていないことに慣れていた俺にとっては、嬉しく、またちょっと照れくさいものであった。

でも、レギュラーになれたのは嬉しかったけれど、いろいろとお金がかかる。

自分たちで作った野球チームとは違って、練習着や道具などが、どうしても必要なのだ。

練習着はばあちゃんが毎日、川で洗濯してくれたけれど、身体も大きくなるし、やっぱり一着だけではやりくりできない。

「明日は早朝から、みんなで走ると」

そんな嘘《うそ》をついて、何度か、こっそり朝三時頃から中央市場にアルバイトに行った。

中学生のできる仕事といえば、荷物運びや片づけといった肉体労働で、バイトが終わる朝の八時か九時には、すっかり疲れ果てている。

当然、授業には出ず、そのまま家で眠って午後三時頃からの野球部の練習に備えた。

ばあちゃんとは、その頃、同じ部屋で寝起きしていなかったし、気づかれていないと思っていたけれど、いつの間にか野球道具や練習着が増えていたのだから、見て見ぬふりをしてくれていたのかも知れない。

というのも、当時は家の仕事を手伝うために学校を休む子なんていっぱいいたのだ。

「芦原《あしはら》君、ここのとこ見かけんなあ」

「ああ。家の鉄工所、手伝ってるらしいよ」

そんな会話は日常茶飯事だった。

バイトをしたら不良になるとか、今の様なことは誰も全く考えていなかったのだと思う。

二年生になって夏の大会が終わり、三年生が引退すると、俺は野球部のキャプテンになった。

キャプテンに決まった日、晩ご飯を食べながら、ばあちゃんに、

「俺、今度キャプテンになったよ」

と言うと、ばあちゃんはいきなり、すっくと立ち上がった。

そして、例の御紋の長持をパカッと開けると、中から一万円札を取り出したのだった。

「昭広、今からスパイク買いに行くよ」

そう言うと、すたすたと玄関を出て行くのである。

俺は、その時までスパイクを持っていなくて、ずっと普通の運動靴を履いてい

たのだ。

　しかし、時計はもう七時を回っている。

「ばあちゃん、そんなこと言っても、もう店しまってるよ」

　俺はばあちゃんを追いかけて家を出ると、そう言ったが、

「いいや、キャプテンやけんスパイク買う」

　ばあちゃんは言い出したら、きかないのだ。

　近所に一軒だけあるスポーツ店に着いた時は七時半くらいで、やはり店はしまい支度をしていた。

　店のおっちゃんが、表に陳列していた靴や草履《ぞうり》をせわしなく奥へと片づけている。

　が、ばあちゃんは、かまわず大きな声で言う。

「一番高いスパイクください！」

「はあ？」

「一番高いスパイクください！」

色でもサイズでもなく、いきなり「一番高いやつ」と言われて、おっちゃんは面食らっていたが、それでもようやくばあちゃんの言葉を理解すると、

「あ、はい、はい」

と、一旦《いったん》店の中へ引っ込んで、上等のスパイクを持って来てくれた。

「はい。二千二百五十円になります」

おっちゃんがそう言うと、ばあちゃんは何を勘違いしたのか、

「そこんとこを、何とか一万円で！」

と、必死の形相で握りしめた一万円札を差し出した。

目の前に差し出された一万円札に目を白黒させながら、おじさんは、

「いや、そういうわけにはいきません」

と、困り果てていた。

多分、ばあちゃんは久しぶりに使う一万円札に興奮し、そして緊張していたのだろう。

それにつけても、思いもよらなかった、いきなりのスパイク購入に俺の胸は高

鳴った。

嬉しくて、嬉しくて、何度も何度も眺めたり、なでたりして、寝る時も枕元に置いて寝た。

翌日は、登校する時からスパイクを履いて出かけた。

そして学校の玄関口で泥を落とすと、上履きに履き替えて、スパイクを手に教室に向かった。

一時間目は数学だったが、構わず机の上にスパイクを置く。

「徳永、どうしたと？」

「いや、新品ばい」

クラスメートに聞かれると、得意げに答え、ピカピカのスパイクを持ち上げて見せた。

「徳永、なんだ、それは？」

「新品のスパイクです。いいでしょう」

先生に聞かれても、胸を張って答えた。

二時間目の理科にも、三時間目の世界史にも、机の上に置いては先生からの質問を待った。

少なくとも、二〜三日はそれをやっていたと思う。

生まれて初めてのスパイクが、本当の本当に嬉しくて仕方がなかったのだ。

ド貧乏の俺がみんなに見せびらかしたのは、後にも先にもクレパスと、このスパイクだけである。


今では、もしかしたらサッカーの方が人気があるのかも知れないが、当時は野球といえば人気ナンバーワンのスポーツだった。

しかも俺たち城南《じょうなん》中学の野球部は県下でも有名な強いチームだったので、そのクラブのキャプテンともなると、たちまち俺は学校のアイドルとなった。

決して大げさに言っているのではない。

同級生はもちろん、下級生や上級生、違う学校の女生徒からまでも、プレゼントやファンレターがいっぱい届くのだ。

「これ、読んでください」と、女の子がモジモジしながら手紙をくれたり、「練習で使ってね」と、イニシャル入りのタオルをプレゼントされたり、下駄箱を開けたら手紙がバサッと落ちてくるという、漫画のような出来事もあった。

しかし、女の子たちの応援が嬉しくないわけではなかったが、練習に忙しく、俺の周りには女っ気は全然なかった。

そして俺はもっぱら、女の子達の甘い言葉より、男の友情の方に感謝していた。

うちが貧乏だと知ってかどうか知らないが、みんながいろんな物をくれたり、親切にしてくれるのである。

南里《なんり》君という、その辺りで一番大きな農家の息子がいたのだが、ある日、突然、俺に聞いてきた。

「徳永君、餅《もち》好き?」

「うん……」

「じゃあ、家にいっぱいあるから、明日、持ってくるよ」

南里君は、ニッコリ笑ってそう言うと帰って行った。

ところが次の日、朝のホームルームで、抜き打ちの持ち物検査が行われたのだった。

「こら、このナイフは取り上げ」

「ライターなんか、なんで入ってる？」

などと厳しい検査が続く中、南里君の番がやって来た。

「何だぁ？　これは」

先生の呆《あき》れたような声が教室に響き、南里君のカバンの中からは大量の餅が現れた。

南里君は、あっけらかんと言った。

「餅ですけど……」

「餅は分かってる。餅を持ってくるのが悪いとは言わんが、教科書は？」

なんと、南里君は、俺にくれようと、カバンいっぱいに餅を持って来てくれていたのである。

他にも南里君は、じゃがいもや玉ねぎをよくくれたのだが、運悪く、またしても持ち物検査とかち合ったことがあった。

カバンから現れた大量のじゃがいもと玉ねぎを見て、当然、先生は前以上に怒った。

「餅とか、じゃがいもとか、お前は、何しに学校に来とると!?」

俺は、自分のために、嫌な思いをさせて悪いなあと小さくなっていたのだが、南里君は、ニッコリ笑うとこう答えた。

「徳永君が、じゃがいもも玉ねぎも見たことがないと言うから、見せてあげようと思って持って来たんです」

しかし、先生も一筋縄ではいかない。

「見せてやるんなら、一個ずつでいいだろう」

今度は答えに窮《きゅう》するかと思った南里君は、こう答えた。

「徳永君は、いろんなじゃがいもとか、いろんな玉ねぎを見たいと言ってたんです。だって先生、じゃがいもも玉ねぎもいろんな顔があるんですよ」

さすが農家の息子！　これには先生も苦笑いで納得して、事態は事なきを得たのであった。

さてもうひとつ、嬉しくて忘れられないのが、橋口君の親切である。

橋口君はクリーニング屋の息子なのだが、

「野球部のキャプテンなんだから、ピシッとしないと！」

と言って、毎週土曜日の夜、クリーニングに出された洗濯物の山の中に、こっそり俺の制服を紛れこませてくれるのだ。

すると、日曜日の夜にはパリッとした制服が上がってくる。

当時、県下の女子中学生の間には、俺のブロマイドまで出回っていたらしいが、これは橋口君のお陰によるところが大きいと思う。

いくら野球部のキャプテンでも、貧乏で、いつもよれよれの制服に身を包んでいたら、女の子たちも相手にしてくれなかったはずだ。

# 第11章　0点のテストと、満点の作文

スポーツ万能な俺だったが、勉強はイマイチだった。

中学に入って、嫌なことといえばテスト期間なるものがあったことだろう。

中間とか期末とかいって、集中的にテストだけをやらされる上、大好きなクラブ活動まで休ませられる。

こうなると、学校は地獄だった。

帰って勉強しろと言わんばかりに、授業も早く終わった試験前、俺はばあちゃんに泣き言を言った。

「ばあちゃん、英語なんかさっぱり分からん」

「じゃあ答案用紙に、『私は日本人です』って書いとけ」

「そうか。日本にいたら、別に困らんもんね」

「そう、そう」

「でもばあちゃん、俺、漢字も苦手で……」

「『僕はひらがなとカタカナで生きていきます』って書いとけ」

「そうか。別にひらがなでも、分かるもんなあ」

「そう、そう」

「歴史も嫌いでなあ……」

「歴史もできんとか？」

ここまで来て、ようやくばあちゃんは呆れた顔をした。

さすがに、勉強しろと言われるかと思ったのだが、そこは、ばあちゃんのこと。

しばらく考え込んだ末、こう言い放ったのだった。

「答案用紙に、『過去には、こだわりません』って書いとけ！」

天晴《あっぱ》れである。

が、俺は本当にこれを書いて、結果は……

殴られた！

こんな環境だから、勉強なんかするわけがない。

何しろ、たまたま家で遅くまで宿題でもしようものなら、

「あんまり勉強ばっかりしてたら、癖になるよ！」

と、電気を消されてしまう始末なのだ。

しかし、そんな俺でも小学校の時、一度だけ、国語の成績がトップになったことがあった。

母の日に書いた作文が、コンクールで賞をもらったのだ。

それは、こんな作文だった。

『僕のお母さんは、広島で働いています。

だから僕は、おばあちゃんと二人で暮らしています。

お母さんと会えるのは、一年に一回、夏休みです。

冬休みも春休みも会いたいけど、ばあちゃんに言ったら、夏休みしか汽車が動かないと言っていました。

友達の家に遊びに行った時など、お母さんがいるのでいいなあと思います。

この前、お母さんに会いたくて、一人で汽車の線路を見に行きました。
この線路は、お母さんのいる広島に続いているんだなあと思いました。
僕は、お母さんのことを思っています。
お母さんも、僕のことを思っています。
僕の思いとお母さんの思いは、佐賀と広島の間でぶつかっていると思います。
早く来ないかなあ。お母さんに会える日。
僕にとって、夏休み全部が母の日です』
我ながら、いい出来である。
が、賞をもらったのは良かったが、母の日の一月後には、父の日がやって来る。
今度の課題は「父の日」の作文である。
前にも書いたように、俺には父ちゃんの記憶は全然ない。
「ばあちゃん、俺、父ちゃんのこと、知らんよ」
と言ったら、
「そう書いとけ」

とばあちゃんは、いつもの調子である。

幼い俺は、原稿用紙いっぱいに、

『知らん』

と書いて、提出した。

返ってきた作文は……

百点満点だった！

そんな訳で、二回も作文で満点をとったその時、俺の国語の成績は一等賞だったのである。

でも、こんなことも小学生まで。

中学生になって試験に悩まされた俺は、『あの頃は良かった』と、何度も感慨にふけったものだった。

ついでに書いておくと、中学校での俺の通知表は、大体が次のようなものだった。

体育…5

数学…5
社会…2
国語…1
英語…1
理科…2
音楽…1
技術家庭…3

体育の5はともかく、数学の「5」は友達のおかげだ。

家には当然、塾になんか行く余裕はなかったが、お金持ちで塾通いをしていた勝木君と小野君が、塾から帰ってから、俺に数学を教えてくれていたのだ。

この成績を良いと思うか悪いと思うかは、見た人にもよるだろうが、

「1と2ばっかりでごめんね」

とばあちゃんに言うと、

「大丈夫、大丈夫。足したら、5になる」

と笑った。

「通知表って足してもいいの？」

と聞くと、今度は真顔で、

「人生は総合力」

と言い切った。

でも、俺にはあまり意味が分からなかった。

# 第12章　忘れられない先生

学校という場所は、目立っていればいいこともあるし、悪いこともいっぱいある。

野球部のキャプテンとなった俺は、特別なことは何もしていないのに、ある人たちからはキャーキャー騒がれ、反対に一部の人たちからは悪口ばかり言われたりするようになった。

先生も例外ではない。俺を目の敵《かたき》にしている先生もいたが、すごくよくしてくれた先生は、忘れられない。

まず、当然のことながら野球部の顧問の田中先生には、本当にお世話になった。

少し先の話になるが、中学生活最後の県大会の日のことだった。

夏休みを広島のかあちゃんの元で過ごすことを、何より楽しみにしていた俺は、試合が終わったらそのまま広島へ行こうと思っていた。

「徳永、今年も夏休みは広島へ行くのか？」

「はい。今日、このまま行こうと思ってます」

「そうか。ええなあ」

何度も書くが、広島はみんなにとって大都会だ。

この頃になると、母親と離れて寂しいだろうという同情よりも、年に何度か広島で過ごす俺は、友達からうらやましがられる対象となっていた。

他校で行われた試合が終わり、俺は、試合の興奮さめやらず、ワイワイガヤガヤやっているみんなより、一足先に学校の部室に戻った。

ところがロッカーを開けると、広島行きの特急券と現金二千円がなくなっている。

「先生、俺の特急券と二千円がない！」

顧問の田中先生に言うと、先生は俺を職員室まで連れて行って、自分の財布から五千円を差し出した。

「これ、使いなさい」

「え?」

「いいから。これですぐ、かあちゃんとこ行け」

「でも先生、犯人を探さないと!」

すぐに広島に行きたいのは山々だったが、先生に迷惑をかけるわけにはいかない。犯人を探し、特急券と現金を奪い返さなければ気が済まないと、俺は思っていた。

しかし、田中先生は厳しい口調で、だがおだやかに言った。

「徳永、犯人は探すな。もし見つかったら、そいつが罪人《つみびと》になるやないか」

ここまで聞いて、ようやく俺にも先生の言わんとしているところが分かった。

部室には鍵がかかっていた。

俺は広島に帰ると言って、はしゃいでいた。

犯人は野球部の中の誰かかも知れない。

もちろん、そうでない可能性もあるし、そうでないに越したことはないのだが。

しかし、ここで事を荒立てて、もし、出来心で盗った誰かが見つかってしまったら……。結束力の強い、体育会系のクラブであるからこそ、なおさら、その生徒は辛《つら》い思いをするだろう。

田中先生は、決して犯人を捜さないようにと重ねて俺に言い、当時、先生にとっても大金だっただろう五千円を握らせた。

田中先生は五千円より、もっともっと大きなものを守ろうとしたのだと思う。

もう一人、大好きだったのは、釣り好きの〝牛《ぎゅう》ちゃん〟と呼ばれていた先生だった。

何を根拠に俺をターゲットにしたのか知らないが、何故か中学に入ってすぐの頃から、牛ちゃんは俺を釣りの相棒にしたがった。

「おい、徳永。明日、朝五時に行くからな」

俺の都合なんかお構いなしに、いきなり決めてしまう。

そして俺は朝、先生の自転車の後ろで、竹竿《たけざお》を十本くらい抱えさせられるのである。

ひとりではこの竿を持っていけないから、牛ちゃんの釣りは、必ず相棒を必要とするのだ。

そして濠《ほり》で一時間半ほども釣ると、また俺に竿を担がせて帰る。

それでも、まだ充分学校に間に合うくらいの早朝だった。

ところがこの先生、釣り以外の時はやたらと厳しい。

ある日、俺が友達の自転車の後ろに乗って学校を出ようとしたらすごい剣幕で怒鳴ってきた。

「こらー、徳永。二人乗りは禁止だぞー」

「でも先生、釣りの時は二人乗りしましたよね」

「何、言うとるか。釣りの時は、よか」

ギャグみたいな話だが、実話である。

田中先生とは全くタイプが違うが、憎めない先生だった。

もうひとつ、これは先生がどうというより、ちょっとしたいたずら心がエスカレートしたエピソードである。

練習が終わって、ボール拾いをしていた俺は、真っ暗な教室に人影があるのに気づいた。

（誰か、おるのかな？）

そっと窓から覗《のぞ》くと、電気もつけない教室で仲良く並んで、何やら話し込んでいるのは、理科の先生と音楽の先生だった。

音楽の先生は、なかなかの美人教師である。

前々から二人の噂《うわさ》は、生徒たちの間にまことしやかに流れていたが、証拠をつかんだらこっちのものだと、いたずら盛りの俺は思った。

早速、理科の授業が始まる前に黒板に相合い傘を書くと、二人の先生の名前を書き込んだ。ご丁寧に、赤いチョークでハートマークも書き込む。

始業のベルが鳴って先生がやって来た。

当然、真っ先にいたずら書きに気づく。

　普通なら、ここで、

「誰が書いたと?」

　と、叱られるのだが、理科教師は自分に後ろめたいところがあるので、「ハハハハハッ」と乾いた作り笑いを浮かべると、

「なに、バカなこと書いとうや」

　と言いながら、その穏やかな口調とは裏腹に、懸命に相合い傘を消した。

「さあ、授業を始めるぞ」

　何事もなかったかのようにそう言う理科教師の顔は、明らかに動揺し、脂汗がにじんでいた。

　俺は、もうその様子がおかしくて、おかしくて仕方がなく、性懲《しょうこ》りもなく、何度も何度もいたずら書きを繰り返した。

　黒板いっぱいの大きな相合い傘にしてみたり、ハートの数を増やしてみたり、LOVEと文字まで入れてみたり……。

　理科教師は、その度に作り笑いでそれを消していた。

だが、それにも飽きてきていたある日、俺はもっといいことを思いついた。

そう、次の日は、一時間目が理科という水曜日の放課後のことだった。

俺は野球部の練習中に、他の部員にはフリーバッティングか何かやらせておいて、そっと教室に戻り、黒板に彫刻刀で相合い傘を彫ったのだ。

「これで絶対に消されないぞ」

自分の仕事に満足した俺は、ひとり、ニタニタと笑った。

次の日。

いつものいたずら書きを消そうと、理科教師は黒板をゴシゴシやったが、どうにも消えない。

全然消えないので、だんだんと焦っていく。

先生が慌てれば慌てるほど、生徒たちのクスクス笑いは、だんだん大きくなっていく。

おかしくて、おかしくて、俺は腹の皮がよじれそうだった。

が、次の瞬間、教室の中は凍り付いた。

「やったのは誰や？　こげんことして、ただで済むと思うなよ！」

いたずら書きが彫刻刀で彫られていることに気づいた理科教師は、ついにブチ切れ、顔を真っ赤にして大声で怒鳴ったのだった。

「俺です。すみませんでした」

俺は、素直にあやまって立ち上がったが、

バシッ！

いきなり、頬《ほお》を平手打ちにされた。

「徳永、やっぱりお前か。こげん子供っぽいことして、恥ずかしくなかと？　これは高いもんやけん、弁償してもらうからな」

平手打ちよりも、「弁償」という言葉に俺は衝撃を受けた。

確かに、ちょっと調子に乗りすぎたようだ。

彫刻刀で描いた相合い傘は見事に大きく、これでは黒板は使い物にならない。

家に帰ると、俺はばあちゃんにおそるおそる事の顛末《てんまつ》を告げた。

「うん。弁償しろ言われた」

「しようのない！」

「ごめんなさい」

「何、考えとると。この子は！」

「ほんとうに、ごめん」

その頃になると、俺は本当にやったことを後悔していた。

ばあちゃんは、しばらく黙っていたが、やがて口を開くと、さばさばした口調でこう言った。

「やってしもうたことはしょうがない。分かった。弁償せろ。ばってん、お前が傷つけた黒板は持って帰ってきんしゃい」

「え？」

「うちが新しいのを買う。だから、古いやつはもらってきんしゃい」

「でも……」

「もらってきんしゃい！」

いつも通り、ばあちゃんは言い出したら聞かない。

注文した新しい黒板がやって来た日、俺は仕方なく後輩たちに、古い黒板を担いで家まで運ばせた。

何しろ大きいので、十四、五人で、担がせて来た。

「はい。ありがとう。そこんとこに立てかけて。いや、いや、そうじゃなか。こっちに置いてくんしゃい」

ばあちゃんは、ハーハー言いながら黒板を運んできた後輩たちにテキパキと指示を出し、ちゃっかりと黒板を隣との間の塀にしてしまったのだった。

さらに次の日。

俺に学校からチビたチョークをもらってこさせると、黒板を伝言板として活用しはじめた。

学校から帰ると、

『昭広へ。○時に帰ります　ばあちゃん』とか、

『昭広へ。しょう油○合、買ってきてください　ばあちゃん』など、

俺への伝言が黒板に書いてあるのだ。

ところがある時、帰ってみると、

『昭広へ。鍵は玄関脇の植木鉢の中です　ばあちゃん』

と書いてあるではないか。

いくら何でも鍵のありかを書くなんて物騒すぎると思った俺は、ばあちゃんに注意した。

「ばあちゃん、鍵の場所なんか書いたら危なか」

「何、言ってるか。『こんな親切な人のところに入っていいんだろうか』『いや、これには何か裏があるんだろうか』泥棒も、悩むばい？　ばあちゃんは、泥棒にも改心する隙《すき》を与えてるの。それに、もし入られても、何も盗られる物もない。あんまり何もないから、置いて行ってくれるかもわからんばい」

中学校内で恋愛していた先生も、それにかこつけてバカバカしい悪戯《いたずら》をした俺もすごいが、やっぱりばあちゃんにかなう人は誰もいないと思った出来事だった。

# 第13章　佐賀の有名人

そんなばあちゃんだったから、野球部のキャプテンで目立っていた俺ごときとは比べ物にならないくらい、近所の有名人だった。

掃除婦をやりながら女手ひとつで七人もの子供を育て上げ、さらに六十歳を越えた今も孫の俺を預かって苦労している、何とも頑張り屋の人。というのが、近所のばあちゃんへの評価だった。

でも、今思えば、そんなばあちゃんを認め、その頑張りを応援しようとしてくれた周囲の人たちがいたからこそ、かあちゃん達も、俺も、無事に育ったのではないかと思う。

いくら拾い屋の我が家とは言え、どうしてもスーパーマーケットに流れて来ないものもある。

牛肉やソーセージが流れて来ないのは当然で、そんなものは食べようという気持ちさえないから関係ないのだが、ばあちゃんが買う食材がこの世に唯一、存在した。

それは、豆腐だった。

なぜ豆腐かというと、おっちゃんが崩れたやつを半額の五円で売ってくれるからだ。

当時、豆腐は今のようにプラスチック容器に入って店に並べられているのではなく、夕暮れになると豆腐屋さんが、自転車に乗ってラッパを鳴らして売りに来るものだった。

自転車の荷台に、水を張った大きな箱がくくりつけられていて、そこに豆腐が浮かべられていたのである。

自転車に揺られてやってくるので、いつも売り物にならない崩れた豆腐があった。

パープー、パープー。

その日も、いつものように、豆腐屋さんのラッパの音がした。

鶏に餌をやっていたばあちゃんは、俺に五円玉を差し出して言った。

「昭広、買っといで」

「うん。おっちゃん、ちょうだい！」

俺は、五円玉を握りしめ、顔なじみのおっちゃんのところに走って行ったが、おっちゃんは丁度、俺の前に来たお客さんからお金を受け取っているところだった。

「はい、これ。二丁で二十円ね」

「毎度、ありがとうございます」

そんなやりとりを聞きながら、荷台にくくりつけられた箱を覗くと、今日に限って豆腐はみんな、きちんと四角い形をしていた。

「ばあちゃん、ダメだ！　今日は崩れたの、なかったばい！」

俺が言いながら家に戻ろうとすると、おっちゃんが呼び止めた。

「ええ、ええ。あるよ、崩れたとこ！」

「え？　でも……」

俺が振り返ったのと、おっちゃんが箱の中の豆腐を自分の手で潰《つぶ》したのは、ほとんど同時だった。

「あるから。な、五円」

おっちゃんは、目で合図してうなずきながらそう言った。

その様子から、俺は、おっちゃんが崩れた豆腐がない日は、何度もそうしてくれていたのだと気づいた。

甘えていいものかどうか迷ったが、ニッコリとうなずいてくれるおっちゃんの親切を、俺は黙って受け取ることにした。

俺がこの話をばあちゃんにしたのは、ずっと後になってからのことである。

それから、こんなこともあった。

今ではコンビニで振り込んだり、金融機関の自動引き落としになっている水道代だが、当時は毎月、集金の人がやって来た。

その時、家を訪れた集金のおじさんは、どこかのんびりした様子ではあったが、

「徳永さん、水道代三ヶ月たまってますけど」

とシビアな内容を口にした。

するとするばあちゃんは、ちょっと困ったなあという顔をしたが、その辺をウロウロしている俺を見つけると、すかさず、

「昭広、最近二、三ヶ月、水なんか飲んだことないね」

としらばっくれたのである。

「うん」とうなずくしかなかった俺だが、内心では（そんなはず、ないよなあ）

と思っていた。

けれど集金のおじさんは、ばあちゃんの言葉に大笑いして、

「そうですか。じゃあ、また来月来ます」

と、あっさり帰って行った。

おじさんが帰った後、ばあちゃんに、

「俺は、トカゲじゃなか！」

と言ったら、ばあちゃんは涙を流しながら笑い続けていたものだ。

またある時、俺は自転車に乗っていて、目を怪我《けが》したことがあった。

自転車に乗ったまま、公園の柵《さく》につかまろうとして手を伸ばした拍子に、バランスを崩して転んだのだった。

「わあっ！」

ハンドルで強く左目を打ったが、大したことはないと思って放っておいた。

ところが、翌日になっても、そのまた次の日も、痛みは治まるどころか、どんどんひどくなっていく。

三日目に、たまらなくなって、俺は学校の帰りにひとりで病院に行った。

お金は持っていなかったけど、後で払いに行けば何とかなるだろうと思った。

とにかく我慢できないほど、痛かったのだ。

「いつ、打った？」

俺の目の具合を見るなり、先生は厳しい顔で言った。

「三日ほど前です」

「どうして、すぐ来んかった?」

「大丈夫と思ったから……」

「あと三日遅かったら、あんた、失明しとったよ」

「え?」

失明という言葉は、ショックだった。

目は怖いから、何かあったら、これからは絶対にすぐ来るようにと厳しく言い聞かせながら、先生は治療してくれた。

治療が終わり、痛み止めの薬ももらって、俺は受付で言った。

「すみません。学校の帰りでお金持ってないんです。あとで持って来ます」

看護婦さんは、ちょっと困ったような顔をして、

「少し待っててください」

とだけ言うと、奥へ引っ込んだ。

困ったなあと思いながら、しばらく待っていると、さっき治療をしてくれた先

生が出てきた。

「あの……帰って、すぐもらって来ますから……」

しどろもどろの俺に、先生はあっけなく言った。

「治療代は、いいよ」

「え？」

「おかあさんもばあさんも一生懸命働いてるけんな。よか、よか」

「でも……」

「それより、ここまで来るの遠かったやろう。帰りはバスで帰りなさい」

驚いたことに、先生は俺にバス代を差し出した。

「後で、あんたとこのばあちゃんにもろとくけん。よか、よか」

本当にいいのだろうかと思ったけれど、まだ左目はズキズキ痛んでいたので、
俺はお礼を言ってバス代をお借りし、目医者を出て家に帰った。

「先生が、治療代はよかて。でもばあちゃん、バス代は返しに行かんばね」

ばあちゃんに話すと、

「あの先生は、何言うとると。治療代もバス代も、ちゃんと払う」

怒ったように財布をつかんで家を出ていった。

けれども、先生は結局、治療代もバス代も受け取らなかったそうだ。


こんな風に書いていると、ばあちゃんが人の世話にばかりなっていたように思われそうだが、ばあちゃん自身も実は相当なお人好しだった。

「ごめんください」

ばあちゃんの従兄弟《いとこ》だという三郎さんは、家に来る時、いつも大きな風呂敷包みを手にしていた。

そして、その大きな風呂敷を広げて見せながら言うのだ。

「今日、縫い上がったから、持って行く。月末には一万円もらえると」

三郎さんは洋服を縫《ぬ》う仕事をしていたのだが、その賃金は縫い上がった時ではなく、月末にしか入ってこないらしい。

そして次に、三郎さんの言うセリフは決まっていた。

「月末には返すけん、五千円ば貸してください」

初めて聞いた時、俺は自分の耳を疑った。

この家に金を借りに来る人がいようとは！

相当の心臓の持ち主か、とことん困っているかのどちらかであろう。

三郎さんは多分、後者だったらしく、ばあちゃんは頼みを一度も断ったことがなかった。

御紋の長持をパカッと開くと、何でもないことのように五千円を差し出した。

「いつでも、よか」

うちの暮らしを考えると、いつでもいいわけはないのだが、本当にケチなのか気前がいいのか分からない、おかしなばあちゃんだった。

# 第14章　うどんと、みかんと、初恋と

「あのう、間違えて注文してしまったんですけど、これ食べてもらえませんか」

その人は、俺に熱々《あつあつ》のうどんを差し出すとそう言った。

場所は、学校の近所の食堂。

付近の学生たちのたまり場になっていた所で、野球部も練習後は全員でそこに行くことが日課となっていた。

季節は、俺がキャプテンになったばかりの中学二年の秋。

食欲の増す季節である。

「え？　いいんですか。いただきます」

俺はありがたく、ごちそうになった。

数日前から寒さが厳しくなってきており、その温かなうどんは俺のハートまで温めてくれた。

何しろ、そのうどんを差し出してくれたのは、素晴らしい美少女だったのである。

吉永小百合似の清楚《せいそ》なその人は、近くにある私立高校のバスケット部員ということだった。

俺たち城南中学の野球部員は、年上の彼女に憧れ、ひそかに吉永さんと呼んでマドンナを見るような憧れの瞳で彼女を見るようになった。

ところがその吉永さんが、その時だけでなく、会うたびに俺に何か奢《おご》ってくれるのである。

それも、初めての時のように、「間違えて頼んじゃったので」とか、「頼んだんだけど、ほかのものでお腹がいっぱいになっちゃって」とか、「ちょっと、お腹が痛くなっちゃって」とか、押しつけがましくない理由をつけては「食べてください」と差し出すのだ。

そのうち、野球部員の間では吉永さんは俺に気があるのだということになっていった。

実は俺はいつも金がなくて、みんなが「大盛りうどんとかき氷」とか「大盛りうどんとあったかい牛乳」を食べている横で、かき氷だけを食べたりしていた。

みんなの予想は、そんな俺に愛情を持っている吉永さんが、きっとわざと奢《おご》ってくれているに違いないというものだった。

それまで野球一筋だった俺だが、やはりマドンナと呼ばれるほど美しい吉永さんに想われて悪い気はしない。

だんだんとその気になっていった俺は、「俺も吉永さんに、何かお返しをしなければならない」という強い思いを抱くようになっていった。

しかし、俺にはうどんを食べる金もない。

一体、どうすればいいんだろうか。

日々、考えているうちに季節はめぐり、冬になった。

その日も、何かお返しができないかと悩みながら歩いていた俺の目に飛び込んで来たのは、たわわに実ったうまそうなミカンだった。

大きな屋敷に、これまた大きなミカンの木が何本も植えられていて、何百個ものミカンがなっているのだ。

「これだ！」

運命の出会いだと思った俺は、仲の良い野球部の同級生二人を誘って、夜、こっそりと屋敷の塀によじ登りミカン泥棒を働いた。

持って帰ってひとつ剝《む》いてみると、爽《さわ》やかなミカンの匂いが部屋中に広がった。

「うーん、まさに初恋の香り！」

口に入れると、じゅわっと甘酸っぱい果汁が広がる。

「これなら、絶対に吉永さんも喜んでくれるに違いない！」

俺は、次の日の夕方が待ち遠しくて仕方がなかった。

いつになく長く感じる練習を終えて、いつもの食堂に入る。

が、吉永さんはいなかった。

昨日、一緒にミカンを盗みに行った悪友が、ミカンの入ったでっかい袋をつついては冷やかす。

「あれ、先輩。それ何ですか？」

「うるさい！　何でもない!!」

他愛なく聞いてきた後輩に、照れもあって俺は怒鳴り返し、可哀想に後輩はしょんぼりしてしまった。

そうこうしているうちに、時間は経っていく。

「今日は吉永さん、来ないのかなあ」

いつものように、みんながうどんを食う横で、温かな牛乳をちびりちびりと口に運びながら、このミカンはどうしたものかと考えていると、ガラリと食堂の戸が開いて、にぎやかな女の子の集団が入ってきた。

吉永さんたちのバスケット部だ。

部員たちに冷やかされながら、俺はミカンの袋を下げて吉永さんのところへ行った。

「あの……これ、つまらんもんですが、食べてください」

「何？」

「うちの庭でなった、みかんです」

「わあ、ありがとう。私、みかん、大好物よ」

「え？　本当ですか」

「うん、本当に」

「じゃあ俺、明日も持って来ます！」

その夜も、その次の夜も、俺は屋敷に忍び込み、悪友たちとミカンを盗んではせっせと吉永さんに運んだ。

「ありがとう」

「うれしか」

「こんなに毎日もらってもよかかと？　うれしかー」

ミカンを持っていくたびに、俺と吉永さんの距離は縮《ちぢ》まるような気がした。

悪友たちに「うまくいったら、一生の恩人だ。死んでも忘れるな」と脅されながら、俺は四〜五日もミカン泥棒を続けた。

ところが、ある夕暮れ時、また盗んでやろうかなーなどと思いながら、屋敷の前を通ると、塀の中から、聞き覚えのある笑い声が聞こえてきたのだ。

「きゃあ、ビッキーやめんかあ。お母さーん、ちょっと来てー！」

塀越しに覗《のぞ》いてみると、庭で小さな白い犬と戯れ、屋敷に向かって母親を呼んでいるのは、なんと、あの吉永さんだった。

その一枚の絵のような美しい光景は、だが、俺の初恋の終結を物語っていた。

俺は、吉永さんの家からミカンを盗んではせっせと彼女に運んでいたのだった。

吉永さんは知っていたのだろうか？

いや、知らなくたって、もう恥ずかしくて会わせる顔がない。

その後、俺はキャプテンの威厳を生かして、野球部のたまり場を他の食堂に移した。

悪友たちは違う意味で、この出来事を一生忘れてくれそうにない。

# 第15章　最後の運動会

佐賀での八回目の運動会が迫っていた。

「中学を卒業したら、絶対にかあちゃんと暮らしたい」と思っていた俺にとっては、佐賀での最後の運動会となる予定だった。

『今年こそは、必ず運動会を観に来てください』中学に上がっても、俺は毎年、必ずそんな手紙を書き送っていた。

その年も、半ばあきらめながら書いたのだが、思いがけず、

『今年は、観に行きます。楽しみにしています』

という返事が返ってきた。

最初に手紙を読んだときは、何かの間違いかと思った。

何度も、何度も、そんな夢を見ていたので、これは夢かと思ってコントのように頬《ほ》っぺたをつねってみたりもした。

でも、本当だった。

かあちゃんは、ばあちゃんへの手紙にも佐賀へ来ることを書いて寄越していたのだ。

「本当に、かあちゃんが運動会に来てくれる」

そう思うと、佐賀中をスキップして回りたいような気分だった。

翌朝、俺は手紙を大切にカバンにしまって登校した。

一時間目は倫社だったが、当然、かまわず机の上に花柄の便せんを開く。

「徳永。なんだ、それは？」

「かあちゃんからの手紙です」

「ほーう？」

先生は、興味深げに手紙を覗き込む。

「なに、なに？　運動会、観に行きます……」

「あー、もう。先生、読まないでくださいよ」

そこで、俺はうっとうしそうに先生から手紙を隠してしまう。

そんな行為を、性懲《しょうこ》りもなく毎時間続けた。

クレパスやスパイクのように、みんなに見せびらかしたかった気持ちもあるが、何よりも、「良かったな、徳永」と言われたかった。

そして、みんなから「良かったね」と言われることによって、かあちゃんが本当に来る喜びを何度でも噛《か》みしめたかったのだ。

中学での運動会のメインイベントは、マラソン大会だ。

男子のコースは、校門を出て、濠《ほり》ぞいに回って城内を通り、また学校に戻って来るという7キロほどのハードなものだった。

でも、毎日、野球部の練習に励んでいる俺たちから見れば大したことはない。

実際、俺は二年の時にも優勝していた。

が、今年は何が何でも優勝しなければならないと思うと、少しだけプレッシャーを感じた。

俺にしてはとても珍しいことだったのだが、運動会が近づくにつれて、当日、風邪を引いてしまうのではないかとか、お腹を下してしまうのではないかとか、いらない妄想ばかりが浮かび上がってくるのだ。

だが俺は、風邪も引かなかったし、腹もこわさなかった。

しかし、もっとひどいことになった。

前日に来るはずだったかあちゃんが、待っても待っても来ないのだ。

「仕事を早めに終えて、汽車に乗るって言ってたから、遅れて乗れなかったのと違うかなあ。明日の朝には来るけん、心配しないで寝んしゃい」

ばあちゃんに促され、布団に入ったがちっとも眠れない。

少しウトウトしては、かあちゃんが来た夢を見て目覚め、夢だったのかとガッカリする。

またウトウトすると、今度はかあちゃんが来られないまま運動会が終わってしまうという夢を見て目覚め、夢だったのかとホッと胸をなでおろす。

そんなことの繰り返しで、寝たのか寝ていないのか分からないまま、夜が明けてしまった。

ばあちゃんが仕事に出かけると、俺は土手に立って、かあちゃんがやって来るのを待った。

朝、広島を出て、そんなに早い時間に着く列車のあるはずもなかったが、じっと寝ていることなんてできなかったのだ。

そのまま登校時間になった。

俺の胸は不安でいっぱいだったが、あきらめてはいなかった。

『運動会、観に行きます』

かあちゃんは、はっきりと手紙にそう書いていたのだ。

「きっと来てくれる」と、俺は信じていた。

運動会が始まっても、俺は父兄の中にかあちゃんを探してキョロキョロしていた。

やがて午後になり、プログラムはマラソン大会へと移った。

スタートラインに並んでも、俺はやっぱり見物客の中にかあちゃんを探し続けた。

けれども、かあちゃんの姿はどこにもない。

遂に、最後のマラソン大会が始まった。

俺は、自分のペースでゆったりと走り始めた。

バイクで先導しているのは、野球部の田中先生だ。

十分、二十分と走り続け、少しずつ呼吸が苦しくなっていく。

同時に、後ろの団体と俺の距離は開いていく。

このマラソン大会は、地域ではかなり有名なもので、父兄でなくても大勢の人が沿道で見守っていた。

「速いねえ、あの子」

「本当」

そんな声が聞こえる。

俺は二位以下を、ぐっと離しているようだった。

俺は、一分、一秒と、とにかく前へ前へ進むことだけを考えていた。

そうしなければ、まだ来ていないかあちゃんのことを考えてしまって、ダメになってしまいそうだった。
俺の鼓動が速まった。
このマラソンコースでは、ばあちゃんの家の前も通ることになっている。
もうじき家の前だ。
ドキドキ、ドキドキ、俺の心臓は押しつぶされそうだった。
早く家の前を通りたい。きっと、かあちゃんはいる。
いや、あそこにたどり着きたくない。ガッカリしたくない。
そんな気持ちが俺の中で交錯していた。
もうじき家の前という時、俺は見るのが怖くてうつむいた。
俺は、自分の足先だけを見つめて黙々と走った。
「昭広、頑張って！」
その時、俺の耳に、かあちゃんの声が聞こえた。
これまで聞いたこともないような、大声だった。
顔を上げると、家の前で一生懸命叫びながら、手を振っているのは、確かにかあちゃんだった。

「昭広ー！ 頑張ってー！」

その横で、ばあちゃんもニコニコと手を振っている。

俺は、またうつむいた。

家が近づくほどに、どうしていいか分からなかった。

にっこり笑って手を振り返すなんてドラマのような芸当は、到底《とうてい》できそうにない。

「こら、徳永。おかあさんが見とるぞ。下を向くな。堂々と走れ」

バイクから、田中先生が俺に声をかける。

俺は、顔をあげ、真っ直ぐ正面を向いた。

遂に、家の前にさしかかる。

「昭広ー、昭広ー、頑張ってー！」

かあちゃんは、懸命に手を振り続けている。

俺は、思い切ってかあちゃんに向かって叫んだ。

「かあちゃーん、速かろうが！　勉強ばできんばってん、足は速かろうが――！」

かあちゃんも、涙に声をつまらせながら、返して来る。

「足はかあちゃんに似とっばってん、頭はとうちゃんに似とったい！」

家の前を通り過ぎてしばらくすると、嚙み殺したような嗚咽《おえつ》が聞こえてきた。

見ると、田中先生が泣いているのだ。

バイクで先導しながら、

「ウッ、ウッ」

と、声を押し殺して男泣きに泣いている。

「徳永、良かったなあ。かあちゃん、来てくれて」

田中先生は、日焼けした汗の浮いた顔を、涙でクシャクシャにしている。

俺は、首にかけていたタオルを先生に差し出した。

涙を拭《ぬぐ》う田中先生を見ていたら、俺の頬にも温かなものが伝った。

「お前が拭《ふ》け」

田中先生が、泣きながら笑って俺にタオルを返す。

「先生が、拭いてください」

「いいや、お前が拭け」

「先生が、拭いてください」

「いいや、お前が拭け」

何度かタオルを押し付け合った後、田中先生は、

「ふたりで泣いてる場合か。もっとスピードあげて、頑張ろう」

そう言って、俺にタオルを投げつけた。

俺は、乱暴に涙をぬぐって、また一分、一秒と走ることだけに集中しようとつとめた。

前へ、前へ。

誰よりも早く。

かあちゃんが応援してくれているのだから。

一着でゴールインした俺は、二位の選手を２００ｍも離していた。

学校が始まって以来の記録だったと言う。

# 第16章　おせっかいと優しさ

夏の県大会を終え、通例によって三年生の俺たちは野球部を引退した。

だからといって、野球ばっかりやっていた俺たちが受験勉強に専念するわけもなく、なんとなく集まっては、相変わらずバカ話に花を咲かせていた。

話題の中心は修学旅行。

何といっても中学生活最後の大イベントだ。

俺たちは思いっきり楽しもうと、行き先での宮崎のことをなんだかんだと話し合っていた。

ところが、久保ひとりが話に乗ってこない。

「久保、どうした？」

「え？」

「お前も話に入れよ。宮崎っちゅうとこは、いいところらしいぞ」

「うん……」

「どうした？　なんか様子がおかしいぞ」

「俺、修学旅行には行かんと」

久保は思いきったように一気にそう言った。

「なしてや？」

「なんで行かんと？」

一斉にみんなが久保に詰め寄ったが、何故行かないのか、久保はそれ以上、詳しいことは何も言わなかった。

久保はセンターを守っていた、口数の少ないやつだったが、それだけ強情を張るのも珍しいことだった。

気になった俺は、翌日、あまり誰も来ない相撲道場の裏に久保を呼びだして事情を聞いた。

「修学旅行、なんで行かんと？　一年の時から、ずっと積み立てしとったやろう？」

「…………」

「せっかく、みんな行くから、一緒に行こう」

「…………」

「何か事情があっとね？」

「…………」

「一緒に三年間、頑張ってきた仲間やろう？　何かあったと？」

「親が……」

「え？」

久保は、消え入りそうな声で言った。

「かあちゃんが入院した。それで金が必要になったから、積み立ては、下ろしたと」

「…………」

今度は、俺が黙ってしまう番だった。

毎日、一緒にいたのに久保のかあちゃんが病気だということさえ知らなかった。

「徳永、かあちゃんのこと、みんなには内緒にしとって」

久保は、今度は真っ直ぐに俺の目を見て言った。

「……分かった」

俺は、誰にも言わないと固く約束した。

どんなに親しい奴にでも、家の事情をあれこれ言ったりするのは恥ずかしい。

俺たちは、まさにそんな時期にあったのだ。

俺もずっと貧乏だったから、久保の気持ちはよく分かった。

でも、俺はあきらめきれなかった。

三年間一緒に頑張ってきた野球部員の、ひとりも欠けることなく修学旅行に行きたかった。

そして、野球部員たちに召集をかけた。

「あのな、詳しい事情は分からんけど、久保、積み立てしてなかったらしい」

「え？」

「なあ、みんなでアルバイトして久保の旅行費稼いでくれんか？」

「よし、みんなで久保を旅行に連れて行こう！」

俺の提案にみんなが賛成してくれ、俺たちはそれぞれバイトを始めた。

俺は近所の酒屋で荷物運びと配達を手伝った。

水木は八百屋で働き、岡田は金持ちの家の庭掃除、井上は新聞配達をやった。

他にも空き瓶集めや古新聞の回収……暑いさなか、俺たちは懸命に働いた。

その結果、一人ひとりの稼ぎは少なかったが、全員を合わせると目標の二万円を達成することができた。

俺たちは、やり遂げたことに満足していた。

「きっと久保、涙流して喜ぶぞ」

そんなことを話し合いながら、早速、久保を呼び出すと二万円の入った封筒を差し出した。

「これ、使ってくれ」

「何？」

「みんなでバイトした。二万円ある。これで一緒に修学旅行、行こう」

しかし、久保の示した態度は、俺たちの予想と全く違っていた。

「受け取れん」

憮然《ぶぜん》としてそう言った久保に、うかれていた俺たちは肩すかしをくったような気分だった。

「どうしてや？」

「一緒に修学旅行行こう！」

「せっかく、みんなでバイトしたとばい……」

みんなで説得しても、久保はなかなか金を受け取らなかったが、最後に、

「分かった。預かっとく」

とだけ短く言って、封筒をポケットにしまった。

「よし、久保！」

「これで全員揃《そろ》ったと！」

「野球部は、ずっと一緒だー！」

俺たちは歓声を上げた。

帰り道でも、ずっとずっとはしゃいでいた。

だが久保は、修学旅行の朝、とうとうやって来なかった。

「久保、どうしたと？」

「金だけ取りやがって」

楽しい修学旅行の間中、誰かがそう言っては久保をののしった。

俺たちは、佐賀に帰ったら真っ先に久保を部室に呼び出そうと決めていた。

約束の時間に、俺たちが揃って部室へ行くと、久保はもう来ていた。

俺は久保の顔を見るなり、頭にカーッと血が昇った。

暑い盛り、バイトに励んだ自分たちがバカみたいだと思った。

そして思った瞬間には、ブチ切れていた。

「久保ー！　お前、なんで来なかった？　みんながせっかくバイトした金、使い込んだのか!?」

荒々しくつかみかかった拍子に、久保の座っていた椅子はバランスを崩し、久保は床に倒れ込んだ。

「何とか言え。使い込んだとやろう?」

激しく言い募《つの》る俺に圧倒されながらも、久保は、はっきりと言った。

「……違う」

「何が違う?」

「修学旅行には、はじめから行かないつもりやった。あのお金は、これ買った。後輩に残そうと思って」

起きあがった久保が、大きな紙袋から出して来たのは、真新しいキャッチャーミットとバット、それにボールが三ケースだった。

目に痛いほどの、ピカピカの道具を見た瞬間、俺は思い出した。

久保は修学旅行に行くと言ったわけではなかったことを。

俺たちに半ば押しつけられるようにして金を受け取った久保は、

「預かっとく」

と言ったのだった。

あの時から、久保の心は決まっていたのに違いない。

「ごめん、久保、ごめんな」

俺は、生まれて初めて土下座というものをした。

別に、土下座して謝らなければと思ったわけではないが、心から謝りたいという気持ちが、俺の頭を地面にこすりつけさせた。

部員たちも、みんな同じ気持ちだったのだろう。

泣きながら、

「ごめん、ごめんな」

と言いながら、頭を床にこすりつけている。

「よか、よか。もう、よかとよ」

久保は、土下座している俺の肩をつかんで立ち上がらせながら言った。

久保の穏やかな笑顔を見ながら、俺は、いつだったか聞いたばあちゃんの言葉を思い出していた。

「本当の優しさとは、相手に気づかれずにすること」

俺たちは、どうだっただろうか。

久保に頼まれたわけでもないのに勝手にバイトして、金を押しつけて、旅行に来なかったと怒って。

久保への優しさなんか、どこにもない。

俺たちは、俺たちが満足したいがためだけに、久保に親切を押し売りしていたのだった。

俺は、キャプテンの威厳も忘れて泣き続けた。

自分のバカさ加減が情けなかった。

久保は、

「よか、もうよか」

と、泣いている俺たちに、何度も何度も繰り返した。

# 第17章　バイバイ、佐賀

寒さが厳しくなってきた頃、俺に朗報が届いた。

広島の広陵《こうりょう》高校へ、野球部の特待生として入学が決まったのだ。

「徳永、やったな！　九州からは二人だけだぞ！」

推薦状を書いてくれた野球部顧問の田中先生も、誇らしげに俺の肩を叩《たた》いてくれる。

広陵高校といえば、毎年のように甲子園に出場している野球の名門校だ。

その上、特待生なら入学金も月謝もかからない。

さらに、広島のかあちゃんの元へも戻れる。

まさに、俺にとってはいいこと尽くしの夢のような展開だったのだ。

「ばあちゃん、やったよ！　広陵高校、決まった！　月謝もいらないし、広島で暮らせる！」

俺が玄関に飛び込んで行くと、

「へーえ。大したもんだ。何しろ、タダだし」

と喜んでくれた。

しかし、その日からばあちゃんの様子がおかしくなった。

「佐賀商業はなー、よかとこらしいよー」

晩飯の途中、何の脈絡《みゃくらく》もなく、そんなことを呟《つぶや》いたりする。

佐賀商業とは、近隣にある佐賀商業高校のことで、ここも野球部が強く、もし広陵高校に落ちたら、俺はこの学校へやはり野球で推薦入学することになっていた。

「佐賀商業やったら、また練習見に行けるとねー」

「佐賀商業で簿記の勉強したら、就職先は困らんけんねー」

「佐賀商業は、よかとー」

ばあちゃんは、佐賀にいて欲しいとかそういうことは一切言わないのだが、突然、呟くようにそう言い出すのだった。

これには、俺の心も揺れた。

かあちゃんと暮らしたいのは山々だったが、ばあちゃんを佐賀にひとり残していくのは気が引けたし、佐賀には友達も多い。

何より俺は八年間の間に、この何もないド田舎の佐賀が大好きになってしまっていたのだ。

俺は一度だけ、ばあちゃんにぼそっと言ってみた。

「ばあちゃん、俺、佐賀におった方がよかね？」

ばあちゃんの返事は、

「何、バカなこと言うとる」

だった。

俺はギリギリまで悩み続けたが、やっぱり広陵高校へ行くことに決めた。

高校生になったら広島で暮らすこと。

そして、甲子園に出ること。

それがいつも俺の夢だった。

その夢がいつも俺を支え続けてくれた。

俺は夢に向かって踏み出そうと心に決めたのだった。

その年の冬は、本当にあわただしく過ぎてゆき、あっという間に卒業式の日がやって来た。

まだ吐く息の白いその朝、俺はいつもより早く家を出た。

もう一週間ほどで、俺は広島へ行くことが決まっていた。

土手を歩きながら、幼い俺がおばちゃんに手を引かれ、やって来るところを想像した。

大人たちに騙《だま》され、不意うちをくらわされて、不安に顔を引きつらせて歩いて来る幼い俺。

俺は、なんだかちょっとおかしくなってフッと笑った。

「おーい、徳永。何、ひとりで笑ってる?」

声をかけてきたのは、野球部のメンバーたちだった。

みんな、何となく落ち着かず、早めに家を出てしまったらしい。

校庭に戻ると、あちこちで胴上げが始まっており、いよいよ卒業式も佳境に入っていた。

ふと、みんなの姿がフィルターをかけたように遠く感じられた。

笑い合う仲間たちの胸の、ピンクのカーネーションだけが妙に鮮やかに目に焼き付いた。

「本当に、今日で卒業するんか」

どこか他人事《ひとごと》のような、それでいてしんみりした気持ちが俺の中にわき起こっていた。

「名残《なごり》はつきませんが、これから、卒業生を見送ります。下級生は花道をつくってください。卒業生の皆さんは、整列してください」

アナウンスが流れ、俺は我に返り、仲間たちとともに整列した。

下級生たちが両脇に立って、卒業生が最後に行進する花道をつくってくれる。

あちこちから、すすり泣く声が聞こえていた。

吹奏楽部が、「仰げば尊し」の演奏を始めた。

『あおーげばー尊ーとし、我がー師のーおんー……』

下級生たちの歌に合わせて、俺たちは歩き出した。

「わ――――っ！」

しんみりした空気を吹きとばすように誰かが叫ぶと、俺たち野球部員は、逃げるように花道を通り抜け、校門を走り出た。

みんな大声で笑っていた。

そして、笑いながら、空を見上げて泣いた。

今、確かに何かが終わったのだと、みんながそう感じていた。

一週間後の朝、小さな手荷物をひとつ下げて、俺はばあちゃんの家を出て行こうとしていた。

ばあちゃんは見送ってくれるでもなく、いつもの朝と同じように、川で釜《かま》を洗っている。

俺は、ばあちゃんの背中に声をかけた。

「ばあちゃん、俺、行くよ」

「はよう、行け」

「今まで八年間、ありがとう」

「はよう、行けて……あぁ、もう水が……」

背中越しに少し覗き込むと、ばあちゃんは泣いているのだった。

でも、釜の水を乱暴にかき回しては、無理に顔にはねさせ、

「水が……水が……」

と言っているのだ。

「ばあちゃん」

「はよう、行け」

「夏休みには遊びに来るから、元気でな」

「はよう、行け」

「じゃあ、行くわ」

俺は、ばあちゃんに背を向けて歩き出した。

春の川原は今日ものどかで、白い小さな蝶が二羽、追い掛け合うようにして草の間を飛んでいた。

大通りへと向かう曲がり角で、俺は振り返った。

「ばあちゃん、元気でな――」

大きく手を振ると、ばあちゃんも手を振っている。

「はよう、行け――」

仕様がないなあと思った。

本当に強情なばあちゃんだ。

「かあちゃんとこに、行くからな――」

俺はもう一度、ばあちゃんに笑顔を向けて大きく手を振ると、再び歩き出した。
二、三十歩も歩いただろうか。
背後から、ばあちゃんの声が聞こえた。

「行くな――」

# あとがき

佐賀を出てから、いろんなことがあった。

野球選手を目指していたはずなのに、なぜかお笑いコンビB&Bとしてデビューし、漫才ブームで一躍有名人になった。

個人的にも、結婚して子供が二人、既に成人している。

けれども、いつでも、どんな時でも、俺の根底にあるのは、ばあちゃんとの佐賀の暮らしだという気がする。

ブランド品も、素敵なインテリアも、グルメという言葉もない、衣・食・住のすべてがシンプルな暮らし……。

プロローグでも書いたように、近頃は「不景気だ」「不況だ」と言うけれど、それでも俺の子供の頃に比べれば、いろんなものが揃っているし、みんな豊かになっていると思う。

でも、「おさのばあちゃん」のように輝いて生きている人はめったにいない。使い古された言葉なのかも知れないけれど、人が生きていく上で大事なのは、やっぱり物ではなく、心のあり方なのではないかと思う。

「うちは、明るい貧乏」と言って、いつも笑っていたばあちゃんは、負け惜しみではなく、本当に幸せそうだった。

そして、今でも親戚一同が集まると、必ずばあちゃんの話で盛り上がり、ばあちゃんの笑顔は、亡くなった今も、みんなの心に燦然《さんぜん》と輝いている。

去年などは、「おさのばあちゃん生誕百年」を記念して、大宴会が催されたほどだ。

ばあちゃんのような生き方こそ、「いい人生だった」と言うのだと思う。

みんな、「いい人生」を生きよう。

誰のためでもない。

自分のために。

それは、ちっとも難しいことじゃない。

起こった出来事を楽しみ、目の前にあるものをおいしく食べ、毎日を笑って暮らせばいいのだ。

この本が、みんながそんな風に生きるためのヒントになればいいなあと思う。

ばあちゃん、ありがとう。

二〇〇一年六月　島田洋七

# 文庫版あとがき

最初にこの本が出たのは二〇〇一年だった。

「ばあちゃんのことを、みんなに知ってもらいたい」

という思いから生まれたもので、それと同じ思いから、全国でばあちゃんとの暮らしをテーマにした、講演会や漫才の舞台にも立った。そのロビーで本を売らせてもらったところ、お陰様で大勢のお客様に買っていただくことができた。

そして、それから二年が過ぎた二〇〇三年の初夏だった。

『徹子の部屋』という皆さんご存知の、テレビ朝日の人気長寿番組にゲスト出演し、そこでこの本を紹介していただいたところ、翌日から書店に問い合わせが殺到したと言う。けれど発行から二年が経っていた「佐賀のがばいばあちゃん」は、既に書店では完売していた。

しばらくの後、今度は発行元である「ムーンライトファクトリー」の電話がじゃんじゃん鳴り出した。まだ少しあった在庫を、ここのＨＰで販売していたからだ。

この大きな反響が引き金となって、今回、徳間書店から、より身近な文庫版として出版させていただくことができ、本当に嬉《うれ》しく思っている。

また、『徹子の部屋』出演前に資料としてお送りした「佐賀のがばいばあちゃん」に丁寧に目を通し、番組では、時には目を潤ませながらばあちゃんの話を聞いてくださった黒柳徹子さんには感謝の気持ちでいっぱいだ。

今回の出版にあたって、ばあちゃんの思い出の写真（２２７ページ）を追加掲載したほか、本文に少し訂正を加え、いくつかのエピソードを書き加えた。登場していただいた方々、もし、ご迷惑をおかけしていたらごめんなさい。みなさんのおかげで、いまの自分があります。

最後になりましたが、ばあちゃんの話を聞き、ばあちゃんを愛してくれて、この本の出版に携わってくださったみなさん、ありがとう。
そして、語り尽くせないくらい大きなものを遺《のこ》してくれたばあちゃん、本当にありがとう。

二〇〇三年十二月　島田洋七

〈佐賀のがばいばあちゃんホームページ　http://www.gabai-baachan.com〉

人がこけたら笑え。自分がこけたらもっと笑え。
人はみんな、こっけいだから。

生きていることが面白い。
なりふりかまうより、工夫してみろ。

人に気づかれないのが本当の優しさ、本当の親切。

ケチは最低！　節約は天才！

「暑い」「寒い」と、うるさく言うな。
夏は冬に感謝し、冬は夏に感謝しんしゃい。

時計が左に回ったら、壊れたと思って捨てられる。

人間も昔を振り返らず、前へ前へと進め！

世の中には、
病気で死にたくない人がいっぱいおるのに、
自殺なんて贅沢《ぜいたく》だ。

今のうちに貧乏しておけ！
金持ちになったら、旅行へ行ったり、寿司食ったり、
着物を仕立てたり、忙しか。

鰯《いわし》を食べてるからって、貧乏じゃない。
昔の人が鰯を見て、鯛《たい》と名前をつけていたら、
鯛は鰯ばい！

あんまり勉強するな！　勉強すると癖になるぞ！

海水パンツなんかいらん！　実力で泳げ!!

今日、明日のことばかり考えるな。
百年二百年先のことを考えろ！
孫や曾孫《ひまご》が五百人くらい出来て、
楽しくてしょうがなか。

二股の大根も、切って煮込めば一緒。
まがったキュウリも、
きざんで塩でもんだら同じこと。

貧乏には二通りある。暗い貧乏と明るい貧乏。

うちは明るい貧乏だからよか。
それも、最近貧乏になったのと違うから、
心配せんでもよか。
自信を持ちなさい。うちは、先祖代々貧乏だから。

拾うものはあっても、
捨てるものはないと。

「ばあちゃん、英語なんかさっぱり分からん」

「じゃあ、答案用紙に『わたしは日本人です』って書いとけ」

「漢字も苦手で……」

「『僕はひらがなとカタカナで生きていきます』って書いとけ」

「歴史も嫌いでなあ」

「歴史もできんと？　『過去にはこだわりません』って書いとけ」

もし泥棒に入られても、何も盗られる物はない。
あんまり何もないから、
置いて行ってくれるかもわからんばい。

人間は死ぬまで夢をもて！　その夢が叶わなくても、しょせん夢だから。

頭がいい人も、頭が悪い人も、金持ちも、貧乏も、
五十年たてば、みーんな五十歳になる。

この作品は2001年7月ムーンライトファクトリーより刊行されました。

徳間文庫をお楽しみいただけましたでしょうか。どうぞご意見・ご感想をお寄せ下さい。
宛先は、〒105－8055　東京都港区芝大門2－2－1　㈱徳間書店「文庫読者係」です。

徳間文庫

# 佐《さ》賀《が》のがばいばあちゃん



2004年1月15日 初刷
2007年2月10日 44刷

著者 島《しま》田《だ》洋《よう》七《しち》
発行者 松《まつ》下《した》武《たけ》義《よし》
発行所 東京都港区芝大門二―二―二〒105―8055 株式会社徳間書店
電話 編集〇三(五四〇三)四三五〇 販売〇四八(四五一)五九六〇
振替 〇〇一四〇―〇―四四三九二
印刷 製本 図書印刷株式会社

〈編集担当 丹羽圭子〉

ISBN978-4-19-892000-5 (乱丁、落丁本はお取りかえいたします)